회전퍼즐
퀴즈로
풀어가는

상식이
생생한
영단어

회전퍼즐
퀴즈로
풀어가는

상식이
생생한
영단어

박영수(테마역사문화연구원장) 지음

추수밭

들어가는 말

인간은 호기심의 동물이다. 가보지 않은 곳에 가고 싶어 하거나 새로운 물질 및 현상에 관심을 보이는 것은 전적으로 호기심 때문이다. 또한 수많은 호기심은 발견을 낳고 지식으로 이어져 인류의 발전을 이끌었다.

사람은 지식욕이 강하다. 모르는 것을 알고 싶어 하고, 아는 것을 타인에게서 인정받고 싶어 한다. 지식 축적에 도움 되는 자료들이 끊임없이 나오는가 하면, 텔레비전 발명 이후 대부분 나라에서 퀴즈 프로그램이 꾸준히 인기를 끄는 이유도 여기에 있다.

퀴즈는 긴장감을 주고, 학습이나 기억력 증진에도 도움이 된다. 그래서 다양한 퀴즈가 등장했는데, 지금까지는 크게 두 가지 형식이었다. 내용을 설명한 다음 그에 대한 답을 직접 말하는 주관식 퀴즈와, 제시된 보기 중 하나를 고르는 객관식 퀴즈가 그것이다.

단답형 질문에 관련성을 부여한 크로스워드 퍼즐 퀴즈, 즉 가로세로 단어 풀이 퀴즈는 주관식 퀴즈의 변형으로 재미있지만 다소 많은 시간이 요구된다. 그래도 문제 하나를 풀면 그 답이 다른 문제의 힌트가 되는 점은 가로세로 단어 풀이 퀴즈만의 매력이다.

퀴즈 하면 끝말잇기도 빼놓을 수 없다. 뜻을 설명한 것은 아니지만 계속 이어지는 단어의 연결이 두뇌를 자극하니 말이다. 다만 단어에 대한 해설이 없어서 지적 충전의 느낌은 약하다.

필자는 새로운 퀴즈를 궁리하다가 가로세로 단어 풀이 퀴즈와 끝말잇기의 장점을 합친 '회전퍼즐퀴즈'를 세계 최초로 창안해 얼마 전 퀴즈박스Quizbox.kr에 발표했다. 각각의 풀이를 참조해 사각 테두리 빈칸에 맞는 단어를 차례로 써서 정답을 완성하는 퀴즈이며, 문제를 푸는 시간도 스마트 시대에 걸맞게 적당하다. 단어 풀이는 짧지만 흥미롭고 유익하다.

이 책은 '회전퍼즐퀴즈'를 통해 영어 단어, 관용어, 명언과 속담 등을 익히도록 구성했다. 초·중·고 교과서에 나오는 필수 영어 단어는 물론 원어민들이 자주 쓰는 숙어 및 격언도 많이 다루었다. 자주 사용하는 핵심 단어 및 관용어는 500여 개, 명언과 속담은 250개 안팎에 이른다.

《회전퍼즐퀴즈로 푸는 상식이 생생한 영단어》를 활용하는 가장 좋은 방법은, 먼저 회전퍼즐퀴즈로 단어를 유추한 다음 관련 명언이나 속담을 곱씹어 암기하는 것이다. 그 뒤에 단어 해설을 읽는 것이 좋다. 그렇게 하면 영어를 근본적으로 이해하는 능력이 크게 향상될 것이다.

따라서 이 책은 퀴즈 책이기도 하고 영어를 이해하는 교양을 쌓는 데 도움을 주는 책이기도 하다. 똑같은 재료나 도구라도 쓰는 사람에 따라 그 효과가 차이 나기 마련이다. 아무쪼록 늘 지니고 다니면서 수시로 확인하고 점검해 영어에 대한 자신감을 키우길 바란다.

박영수

세계 최초! 회전퍼즐을 통해
즐기면서 익히는 영단어와 영어 상식

★ 회전퍼즐로 익히는 영단어는 이래서 다르다

1. 말놀이의 장점만 모았다

말놀이는 어떤 단어를 즐기면서 자연스럽게 익히는 데 도움이
되는 훌륭한 학습법입니다. 회전퍼즐은 유행하는 모든 말놀이
의 단점은 보완하고 장점은 모았습니다. '끝말잇기'처럼 꼬리
에 꼬리를 물면서 자연스럽게 진도를 나가지만 단조롭지 않고,
'십자말퀴즈'처럼 퍼즐을 맞추는 쾌감을 선사하면서도 부담스
럽지 않게 구성했습니다.

2. 누구나 좋아한다

회전퍼즐은 직장인들이 출퇴근길에 스마트폰을 만지작거리는
대신 퀴즈를 풀면서 자연스럽게 익히는 교양으로, 학생들이 공
부하다가 잠시 머리를 식힐 때 접속하는 온라인 게임 대신 놀
면서 익히는 영어 공부로, 어르신들께서 쉬엄쉬엄 진행할 수
있는 기억력 훈련으로 누구나 쉽게 접하고 다양하게 활용할 수
있습니다.

3. 놀이를 통해 저절로 익힌다

배움은 놀이를 거치면서 폭발력이 생깁니다. 외국의 영재학교
들에서 활용하는 학습법의 본질은 매우 간단합니다. 독서를 통
한 토론과 놀이를 통한 참여입니다. 아이들은 처음 말을 배울
때 각종 놀이를 통해 어휘력을 기하급수적으로 늘려 갑니다.
어른들도 각종 퀴즈를 통해 자연스럽게 상식을 쌓아 갑니다.

4. 언제 어디서든 하루 60초 한 문제

이 책에 실린 60개의 회전퍼즐 각각에는 6~7개의 엄선된 문제
가 연결되어 있습니다. 가벼운 마음으로 아무 페이지나 펴서
딱 60초 동안 문제를 풀 수 있도록 구성했습니다. 이렇게 쉬엄
쉬엄 놀이 삼아 보다 보면 어느새 기초 영단어와 영어 상식이
쌓일 것입니다.

★ 이 책의 100% 활용법

1. 가볍게 퀴즈를 푼다

첫 번째 회전퍼즐부터 마지막까지 차례대로 풀어도 좋고, 마음 내키는 대로 아무 페이지나 펴서 풀어도 좋습니다. 이때 시간을 재보는 것도 괜찮은 방법입니다.

2. 뒤 페이지에서 정답을 확인한다

각 퍼즐의 뒤 페이지에는 정답을 실었습니다. 자신의 답과 맞춰 보세요.

3. 해설로 한 번 더 익힌다

퍼즐에 소개된 영단어의 유래와 역사, 뜻의 변화 과정, 재미있는 에피소드까지 영단어에 얽힌 이야기를 자세하게 소개했습니다. 언어를 익히기 위해서는 곧 그 언어를 쓰는 문화와 역사도 함께 배워야 하기 때문입니다.

4. 하루 60초씩 60일 완성

하루에 한 문제씩 단 60초만 투자해서 문제를 풀어 보세요. 그렇게 60일 동안 게임처럼 즐기다 보면 어느새 영어 어휘와 상식이 쑥쑥 성장했음을 확인할 수 있을 것입니다.

차례

회전퍼즐
영단어
STEP 1
—

001-020

출발 ➡

				2			3

1. 익살, 재치 있는 농담. cheap ~ / 어설픈 익살. a writer with ~ / 유머를 지닌 작가.

2. 휴식, 휴게, 안심, 나머지. ~ room 화장실. ~ in peace 편히 잠드소서.

3. 스승, 교사. a ~ of Korean 한국어 선생님. 'A loving ~ makes learning a joy.' (속담) 좋은 스승은 즐겁게 배우도록 가르친다.

4. '뒤에', '반복'의 뜻을 지닌 접두어.

5. 화가의 삼각대. 네덜란드어로 당나귀인 ezel에서 유래된 말.

6. 살다, 생생한, 살아 있는. 'Better a ~ coward than a dead hero.' (속담) 위험할 땐 도망가는 것이 최선이다.

7. 영국, 프랑스, 독일, 그리스, 이탈리아 등이 포함된 대륙. 고대 메소포타미아인이 사용한 '해가 지는 곳(서쪽)'이라는 뜻의 'ereb(에레브)'가 어원.

7			6				5

001 정답

출발 ➡

1. humor [hjúːmər] [명] 익살, 해학, 액液.
  Man, as they grow older, rely more and more on a sense of humor.
  남자는 나이가 들수록 유머에 의지한다.

2. rest [rest] [명] 휴식, 안정, 나머지. | [동] 쉬다.
  Do your best, and God will do the rest.
  최선을 다하라, 나머지는 신이 해결해줄 것이다.

3. teacher [tíːtʃər] [명] 교사, 스승.
  Experience is the best teacher.
  경험이 가장 좋은 선생님이다.

4. re [ri, riː, re] 라틴계 단어 앞에 붙어 '다시', '뒤에', '반복', '강조' 따위를 나타낸다.

5. easel [íːzəl] [명] 화가의 삼각대.

6. live [liv] [명] 살다. | [laiv] [형] 살아 있는.
  Live, like today is the last day to live.
  살아라, 오늘이 마지막 날인 것처럼.

7. Europe [júərəp] [명] 유럽.

16

HUMOR 유머

어원은 '축축한 것'을 뜻하는 라틴어 '우모르umor'로, 사람의 기질을 좌우하는 것은 체액이라고 믿었던 고대 그리스인의 독특한 가치관에서 비롯된 말이다. 그리스인들은 인체를 구성하는 네 가지 용액(혈액, 점액, 노란 담즙, 검은 담즙)의 비율에 따라 기질이 달라진다고 생각했다.

즉 혈액blood이 많은 사람은 낙천적이고 다혈질이며, 점액phlegm이 많은 사람은 냉정하거나 무기력하고, 노란 담즙choler이 많은 사람은 까다롭고 짜증이 많으며, 검은 담즙melancholy이 많은 사람은 우울한 경향이 강하다고 여겼다.

그리고 이들 네 가지 요소가 어떤 비율로 섞이느냐에 따라 기분이 달라진다고 생각했다. 기분이 좋을 경우 체액이 증가하며, 체액의 불균형은 사람을 불안정하게 만드므로 조심해야 한다고 믿었다. 그리고 '체액'을 뜻하던 umor가 점차 '웃음을 유발하는 자극적 언어나 행위'로 그 의미가 변했다.

'사람마다 기질이 다르다Every man has his humor'나 '기분이 좋지 않은out of humor' 같은 속담은 이런 정서에서 나왔다.

EASEL 이젤

17세기 네덜란드 화가들은 화폭을 받쳐주는 틀이 짐 나를 때 애쓰는 당나귀를 연상시킨다 해서 'ezel'(네덜란드어로 '당나귀')이라고 불렀다. 이후 이 단어가 영어로 유입되면서 철자만 'easel'로 살짝 바뀌었을 뿐 뜻은 그대로 전해졌다.

EUROPE 유럽

고대 문명국가를 이룬 메소포타미아 지방에 살던 사람들은 자신들의 서쪽을 '해가 지는 곳'이라는 뜻의 '에레브ereb'라고 불렀다. 이후 고대 그리스인은 ereb에 착안해 '에우로파 Europa'라는 이름을 지었다.

그리스신화에서 제우스는 하늘에서 지상의 에우로파를 보자마자 반했다. 그래서 제우스는 황소로 변신해 에우로파에게 다가갔고, 에우로파는 황소의 듬직한 모습에 끌려 황소 등에 올랐다. 그 순간 황소는 쏜살같이 달려 바다 건너 크레타섬으로 들어갔다. 그리고 제우스는 황소에서 다시 멋진 남성으로 변신한 다음 에우로파와 사랑의 시간을 가졌다고 한다.

이 신화는 크레타 섬이 그리스 문명의 발상지임을 알려주고 있는데, 바로 에우로파에서 유럽Europe이라는 말이 나왔다.

002

출발 ➡

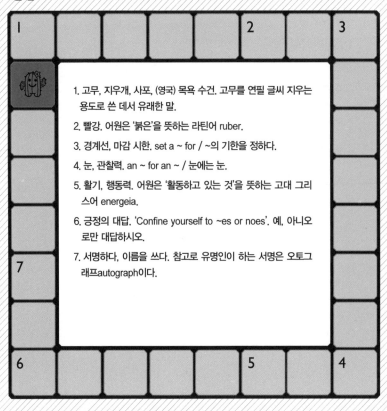

					2		3
1							
7							
6					5		4

1. 고무, 지우개, 사포, (영국) 목욕 수건. 고무를 연필 글씨 지우는 용도로 쓴 데서 유래한 말.

2. 빨강. 어원은 '붉은'을 뜻하는 라틴어 ruber.

3. 경계선, 마감 시한. set a ~ for / ~의 기한을 정하다.

4. 눈, 관찰력. an ~ for an ~ / 눈에는 눈.

5. 활기, 행동력. 어원은 '활동하고 있는 것'을 뜻하는 고대 그리스어 energeia.

6. 긍정의 대답. 'Confine yourself to ~es or noes'. 예, 아니오로만 대답하시오.

7. 서명하다, 이름을 쓰다. 참고로 유명인이 하는 서명은 오토그래프autograph이다.

첫 글자 힌트 1. R 3. D 4. E

002 정답

출발 ➡

1. rubber [rʌ́bər] [명] 고무, 지우개, 안마사, 사포.

2. red [red] [형] 빨간. | [명] 빨강.

3. deadline [dedlain] [명] 경계선, 마감 기한.
It is better to do something after the deadline than not to do at all.
늦게라도 하는 게 하지 않는 것보다 낫다.

4. eye [ai] [명] 눈, 시력, 시선, 관찰력, 목표.
Keep your mouth shut and your eyes open.
입은 무겁게 하고 눈은 환하게 뜨고 있어라.

5. energy [énərdʒi] [명] 활기, 힘, 행동력, 물리학에서 말하는 에너지.
the law of energy conservation.
에너지 보존의 법칙(열역학 제1법칙).

6. yes [jes] [부] 네, 긍정의 대답.

7. sign [sain] [명] 기호, 징조, 표시. | [동] 서명하다, 이름을 쓰다.

RED 레드

빨강은 강렬한 색이다. 인류도 그렇게 생각했다. 빨강이 불(火)과 피(血)를 상징하는 색이기 때문이다. 원시 시대 사람들은 불을 피워 맹수를 물리쳤고, 사냥한 고기를 잡을 때 흘러나온 피를 보며 흥분했다. 또한 불은 어두운 밤을 밝혀주는가 하면 고기를 익혀 먹을 수 있게 해주었기에, 빨강은 자연스레 불을 상징하는 색이 되었다.

우리말 '붉은색'은 '불의 색'이라는 뜻이며, 영어 '레드red'는 '불의 빛깔'을 뜻하는 고대 아일랜드어 '루아드ruad'에 어원을 두고 있다. '루아드'는 '붉은'이라는 뜻의 라틴어 '루베르ruber'를 거쳐 '레드'가 됐으며, 한편으로 붉은 보석인 루비ruby의 어원이 됐다.

DEADLINE 데드라인

미국에서 남북전쟁이 벌어졌을 때의 일이다. 당시 붙잡은 포로를 막사에 가둬놓는 것도 일이었지만 탈주를 막는 것은 더 골치 아픈 일이었다. 그래서 포로수용소 근처에 경계선을 그어놓고, 포로들에게 그 선을 넘을 경우 죽게 된다고 경고했다. 실제로 경계선을 넘어 달아나는 포로들이 있으면 가차 없이 총으로 쏴 죽였다. 그때 경계선을 이르는 말이 '데드라인 deadline'이었다.

이후 데드라인은 '넘어서는 안 되는 선'이란 뜻을 거쳐 '어떤 일을 마감하는 최종 시간', '어떤 일을 반드시 끝내야 하는 마감 시간'을 뜻하는 말로 쓰이게 됐다. 일반적으로 신문, 잡지의 원고 마감 시간을 의미하는데, 20세기 초 미국에서 신문 경쟁이 벌어졌을 때 이 뜻이 널리 퍼졌다.

ENERGY 에너지

일할 수 있는 '원기', '정력'을 일컫는다. 원래는 철학 용어로서, 아리스토텔레스(기원전 384~322)는 '작용', '활동', '현실' 등의 뜻으로 사용했다. 어원은 그리스어 '에네르게이아 energeia'이다. 이 말이 독일어로 '에네르기 energie', 영어로 '에너지 energy'가 되면서 물리학에 전용되어 '내재적 세력'이라는 의미로 바뀌었으며, 오늘날에는 '일을 할 수 있는 힘이나 능력'이란 뜻으로 쓰이고 있다.

003

출발 ➡

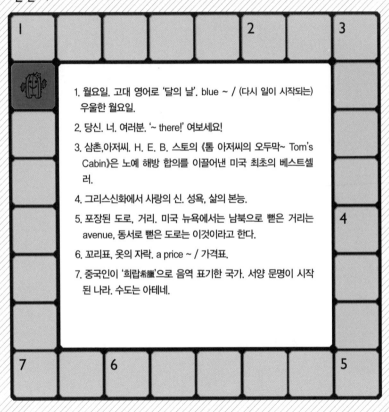

| I | | | | | 2 | | | 3 |

1. 월요일. 고대 영어로 '달의 날'. blue ~ / (다시 일이 시작되는) 우울한 월요일.

2. 당신. 너. 여러분. '~ there!' 여보세요!

3. 삼촌,아저씨. H. E. B. 스토의 《톰 아저씨의 오두막~ Tom's Cabin》은 노예 해방 합의를 이끌어낸 미국 최초의 베스트셀러.

4. 그리스신화에서 사랑의 신. 성욕, 삶의 본능.

5. 포장된 도로, 거리. 미국 뉴욕에서는 남북으로 뻗은 거리는 avenue, 동서로 뻗은 도로는 이것이라고 한다.

6. 꼬리표, 옷의 자락. a price ~ / 가격표.

7. 중국인이 '희랍希臘'으로 음역 표기한 국가. 서양 문명이 시작된 나라. 수도는 아테네.

| 7 | | 6 | | | | | 5 |

첫 글자 힌트 1. M 3. U 5. S

23

003 정답

출발 ➡

1. monday [mʌ́ndei] [명] 월요일.

2. You [ju:] [대] 당신, 너, 여러분.
You have to walk the talk.
너의 말을 행동으로 옮겨라.

3. uncle [ʌ́ŋkəl] [명] 삼촌, 아저씨.
엉클 샘uncle sam은 미국인을 가리키는 별칭으로, 1812년 미영전쟁 당시 군에
납품하던 새뮤얼 윌슨Samuel Wilson에서 비롯되었다.

4. Eros [íərɑs, érɑs] [명] 사랑의 신 에로스, 성욕, 생의 본능.

5. street [stri:t] [명] 거리, 차도, 길.
There is a street within a book.
책 속에 길이 있다.

6. tag [tæg] [명] 꼬리표, 가격표, 맺음말.

7. Greece [gri:s] [명] 그리스.
Raining frogs was first observed in ancient Greece.
개구리비는 고대 그리스에서 처음 발견되었다.

MONDAY 먼데이

'먼데이Monday'는 '달moon의 날day'이란 뜻이다. 고대 그리스인은 달의 여신을 셀레네Selene라고 부르며 숭배했으며, 특히 초승달과 보름달이 뜰 때 사원에 찾아가 경배했다. 그런 날을 'Hemera Selene'라고 했는데, 여기서 Hemera는 '날(日)'을 인격화한 말이다. Hemera Selene, 즉 '셀레네의 날'이 라틴어를 거쳐 '달의 날the day of the moon'이 되었다.

한편 '블루 먼데이blue Monday'는 월요일 중에서 조금 특별한 월요일이다. 그대로 풀이하면 '파란 월요일'이지만, 의역하면 '우울한 월요일'이다. 왜 그럴까?

'우울한 월요일'의 어원은 '사순절四旬節을 앞둔 월요일'이다. 중세 때 교회는 사순절이 되면 파란 포장을 둘러 숙연한 분위기를 나타냈다. 사순절은 부활 주일 전 40일의 기간을 이르는 말이다. 다시 말해 그리스도의 죽음을 상징하는 우울한 기간이므로 그동안에는 세속적인 쾌락을 삼가야 했다. 그런 까닭에 '블루 먼데이'는 자연스럽게 '우울한 날'을 뜻하는 말이 되었다. 또한 여기에서 '블루blue'는 '그리움' 이외에 '우울'

이라는 의미도 갖게 되었다.

UNCLE 엉클

'어머니의 남자 형제'란 뜻의 라틴어 '아운쿨루스avunculus'에서 비롯되었다. '할아버지'나 '조상'을 의미하는 aves에서 나온 말로, '아버지나 어머니의 남자 형제'란 뜻에서 한 발 더 나아가 '나이 많은 형제'란 뜻으로 쓰였다. avunculus에서 접두어 av와 접미어 us를 생략한 '운쿨uncul'이 프랑스어 '옹클르oncle'를 거쳐 영어에서 '엉클uncle'로 굳어졌다.

관용어 '세이 엉클Say uncle'은 패배를 인정하거나 포기할 때 쓰인다. 문자 그대로 풀이하면 '(나를) 아저씨라고 불러라'라는 뜻이다. 나를 윗사람으로 부르면 상대는 자연스레 아랫사람이 된다. 여기에서 '(나에게) 항복하라'라는 뜻이 생겼으며 '(그만) 포기하겠다' 따위의 의미로 쓰이기에 이르렀다.

004

출발 ➡

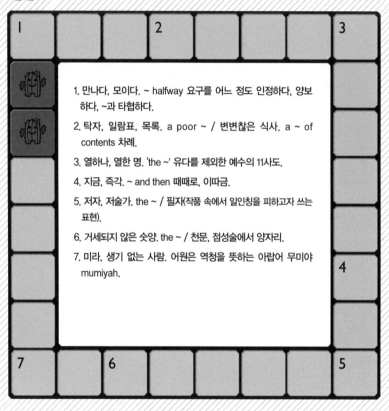

			2				3
1							

1. 만나다, 모이다. ~ halfway 요구를 어느 정도 인정하다, 양보하다, ~과 타협하다.

2. 탁자, 일람표, 목록. a poor ~ / 변변찮은 식사. a ~ of contents 차례.

3. 열하나, 열한 명. 'the ~' 유다를 제외한 예수의 11사도.

4. 지금, 즉각. ~ and then 때때로, 이따금.

5. 저자, 저술가. the ~ / 필자(작품 속에서 일인칭을 피하고자 쓰는 표현).

6. 거세되지 않은 숫양. the ~ / 천문, 점성술에서 양자리.

7. 미라, 생기 없는 사람. 어원은 역청을 뜻하는 아랍어 무미야 mumiyah.

첫 글자 힌트 1. M 3. E 5. W

27

004 정답

출발 ⇒

1. meet [miːt] [동] 만나다, 모이다, 마주치다.
We never meet without a parting.
만남이 있으면 헤어짐이 있다(회자정리會者定離).

2. table [téibəl] [명] 탁자, 식탁, 일람표, 목록, 법률. | [동] 회의를 상정하다.
Spread the table and contention will cease.
식탁을 차려라, 분쟁이 멈추리라.

3. eleven [ilévən] [명] 열하나, 열한 명, 11시.

4. now [nau] [부] 지금, 이제, 즉각.
The worse luck now, the better another time.
지금 운이 나쁘다면, 다음에는 좋다(새옹지마塞翁之馬).

5. writer [ráitər] [명] 저자, 저술가, 필자, 법률가.
A good writer is not per se a good book critic.
훌륭한 작가라고 해서 훌륭한 비평가가 될 수 있는 것은 아니다.

6. ram [ræm] [명] (거세되지 않은) 숫양. | [동] 들이받다.

7. mummy [mʌ́mi] [명] 미라, 바짝 마른 시체, (비유적으로) 생기 없는 사람.
In Egypt, honey was used in making mummies.
이집트에서는 꿀(밀랍)을 이용해 미라를 만들었다.

28

TABLE 테이블

'테이블table'에는 '탁자'란 뜻 이외에 '회의', '권력', '정보'의 의미도 있다. '나무판자'란 뜻의 라틴어 '타불라tabula'에서 유래된 단어가 어떻게 이처럼 다양한 뜻을 갖게 됐을까?

고대 로마 시대에 탁자는 권력자들의 식욕을 과시하기 위한 용도로 사용됐다. 귀족들은 저녁에 갖가지 요리를 차려놓고 포도주와 더불어 맛난 음식을 즐겼다. 심지어 토하면서까지 계속 먹을 정도였다. 따라서 탁자는 권력을 상징하는 말이나 다름없었다.

중세 유럽에서는 탁자가 회의를 상징했다. 예를 들어 아서왕은 평등함을 강조하고자 둥근 탁자에서 회의를 했다. '원탁의 기사들the Knights of the Round Table'도 여기에서 나왔다.

이에 비해 중세 때 수시로 벌어지는 전쟁터로 징발되어 나가는 서민 남성들은 식탁에 깔아둔 천에 자신이 가는 지역을 그려 넣었다. 언제 돌아올지 모르지만 자신에 대한 정보를 남기기 위함이었다.

그런가 하면 탁자로 상황을 표현하기도 했다. 탁자를 뒤

엎어 반전의 기세를 과시하거나 탁자 아래로 남몰래 뇌물을 건네기도 했다. 'turn the table(형세를 역전시키다)', 'under the table(남몰래, 은밀하게)' 따위의 관용어는 그런 산물들이다.

WRITER 라이터

'쓰다'를 뜻하는 '라이트write'의 어원은 고대 영어 '리탄 writan'이다. writan은 '긁다', '새기다', '쓰다'란 뜻이다. 옛날엔 양피지에 날카로운 도구로 긁거나 새겨서 글을 썼음을 일러주는 말이다. 양, 염소, 송아지 등의 동물 가죽을 표백하고 얇게 펴 글씨를 쓰거나 그림을 그릴 수 있도록 만든 양피지는 종이가 발명되기 전까지 서양에서 많이 쓰였다.

고대 사회에서 글을 쓴다는 것은 대단한 일이었다. 이집트 왕국에서 기록을 담당한 서기書記는 막강한 권력을 가진 사람이었고, 중세 유럽에서도 글 쓰는 행위는 성직자와 귀족만의 특별한 자랑으로 통했다. 이때의 '라이터writer'는 글을 쓸 줄 아는 사람을 의미했다.

인간의 상상력을 자극하고 정보를 체계화하는 데 큰 공을 세운 사람은 한 편의 이야기를 만들어내는 작가writer였다. 고대 그리스의 호메로스는 여러 나라를 여행한 후 걸작 《일리아드》와 《오디세이》를 남겨 후대에 상당한 영향을 끼쳤다.

005

출발 ➡

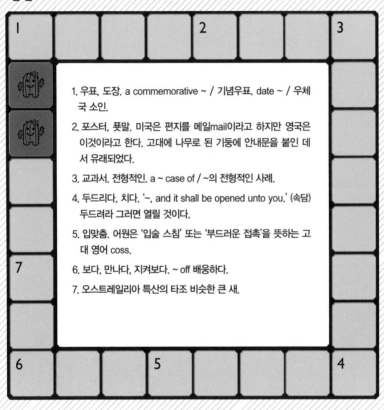

| I | | | | 2 | | | | 3 |

1. 우표, 도장. a commemorative ~ / 기념우표. date ~ / 우체국 소인.

2. 포스터, 푯말. 미국은 편지를 메일mail이라고 하지만 영국은 이것이라고 한다. 고대에 나무로 된 기둥에 안내문을 붙인 데서 유래되었다.

3. 교과서. 전형적인. a ~ case of / ~의 전형적인 사례.

4. 두드리다, 치다. '~, and it shall be opened unto you.' (속담) 두드려라 그러면 열릴 것이다.

5. 입맞춤. 어원은 '입술 스침' 또는 '부드러운 접촉'을 뜻하는 고대 영어 coss.

6. 보다, 만나다, 지켜보다. ~ off 배웅하다.

7. 오스트레일리아 특산의 타조 비슷한 큰 새.

| 7 |

| 6 | | | | 5 | | | | 4 |

첫 글자 힌트 1. S 3. T 4. K

005 정답

출발 ➡

1. stamp [stæmp] [명] 우표, 도장, 각인, 특징, 짓밟기.
Stamp your feet.
발을 굴러라.

2. post [poust] [명] 포스터, 푯말.

3. textbook [tékstbùk] [명] 교과서. | [형] 전형적인.

4. knock [nɑk] [동] 두드리다, 충동하다.
Knock, and it shall be opened unto you.
두드려라, 그러면 열릴 것이다.

5. kiss [kis] [명] 입맞춤. | [동] 입을 맞추다.
Kissing goes by favor.
키스는 좋아하는 사람에게만 하게 되어 있다.

6. see [si:] [동] 보다, 만나다, 지켜보다.
Be the change you wish to see in the world.
세상이 바뀌길 원한다면, 너 자신부터 바뀌어라.

7. emu [íːmjuː] [명] 에뮤.

KISS 키스

'입술 스침' 또는 '부드러운 접촉'을 뜻하는 고대 영어 '코스coss'에서 비롯된 말로, 일설에는 입 맞출 때 나는 소리를 나타낸다고도 한다. 어느 경우든 모두 입맞춤과 그 행위를 표현한 말이다.

키스는 역사가 오랜 애정 표현이지만, 그 유래에 대해서는 일정한 정설이 없다. 소금기를 얻으려고 서로의 뺨을 핥던 혈거인穴居人들 사이에서 키스의 관습이 비롯되었다고 보는 학자가 있는가 하면, 입이나 후각을 통해 구애하는 동물처럼 본능에 따라 행해졌다는 설도 있다. 또한 지배자에 대한 복종의 행위로 발이나 땅에 입 맞춘 데서 키스가 관습으로 정착했다고 보는 학자도 있다.

《성서》에 나오는 키스는 대개 동성 간에 행해졌고, 평화와 화해의 표시였다. 고대 그리스 시대에 키스는 공손함과 복종을 나타냈으며, 초기 기독교에서 키스는 존경의 표시였다. 교황 발렌티노는 827년경 사람들로부터 존경의 표시로 발 키스를 받았는데, 이 키스는 지금까지 행해지고 있다. 이슬람 세계에서도 여자들은 아버지나 남편의 긴 수염에 키스하며 인사하는 관습이 있었고, 이것 역시 복종과 존경의 표시였다.

키스는 계약 또는 약속의 보증으로 행해지기도 했다. 예를 들면 중세 독일에서 신하가 토지를 분배받을 때 영주의 손등에 키스하는 관례가 있었다. 존경의 의미를 지닌 키스는 대개 발이나 손 또는 옷 가장자리에 행해졌는데, 키스가 점차 낭만적 분위기로 바뀜에 따라 입 맞추는 부위도 인체의 가장자리에서 입으로 옮겨졌다. 그러나 복종과 존경이 아닌 애정의 의미로 키스가 행해지던 곳에서는 일찍부터 뺨이나 입에 키스를 했다.

16세기 영국에서는 현대인의 악수처럼 입술 키스를 했다. 당시 영국 부인들 사이에는 댄스 파트너dance partner에게 인사로 키스하는 것이 관례였다. 셰익스피어는 키스를 '사랑의 표시'라고 묘사하기도 했다. 오늘날에는 키스가 사랑의 의미로 널리 행해지고 있다.

006

출발 ➡

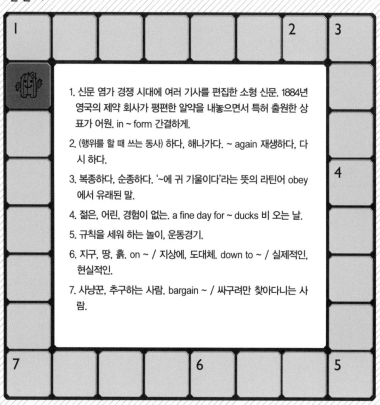

| 1 | | | | | 2 | 3 |

1. 신문 염가 경쟁 시대에 여러 기사를 편집한 소형 신문. 1884년 영국의 제약 회사가 평편한 알약을 내놓으면서 특허 출원한 상표가 어원. in ~ form 간결하게.

2. (행위를 할 때 쓰는 동사) 하다, 해나가다. ~ again 재생하다, 다시 하다.

3. 복종하다, 순종하다. '~에 귀 기울이다'라는 뜻의 라틴어 obey 에서 유래된 말.

4. 젊은, 어린, 경험이 없는. a fine day for ~ ducks 비 오는 날.

5. 규칙을 세워 하는 놀이, 운동경기.

6. 지구, 땅, 흙. on ~ / 지상에, 도대체. down to ~ / 실제적인, 현실적인.

7. 사냥꾼, 추구하는 사람. bargain ~ / 싸구려만 찾아다니는 사람.

| 7 | | | | 6 | | 5 |

첫 글자 힌트 1. T 3. O 5. G

35

006 정답

출발 ➡

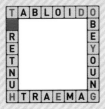

1. tabloid [tǽblɔid] [명] 타블로이드판 신문, 그림을 넣은 소형 신문.

2. do [du] [동] 하다, 해나가다.
Do to others as you would have them do to you.
대접을 받고 싶으면 남을 먼저 대접하라.

3. obey [oubéi] [동] 복종하다, 순종하다.

4. young [jʌŋ] [형] 젊은, 어린, 경험이 없는.
The owl thinks her own young fairest.
부엉이도 제 새끼는 예쁘다고 생각한다.

5. game [geim] [명] 규칙을 세워 하는 놀이, 운동경기.

6. earth [əːrθ] [명] 지구, 땅, 흙.
What much is worth comes from the earth.
가치 있는 것들은 흙에서 나온다.

7. hunter [hʌ́ntər] [명] 사냥꾼, 추구하는 사람.
A barking dog was never a good hunter.
짖어대는 개는 좋은 사냥개가 될 수 없다.

TABLOID 타블로이드

영국 제약 회사 버로스웰컴은 1884년 3월 14일 '타블로이드Tabloid'라는 상표를 특허 출원했다. tabloid는 '평판'이란 뜻의 '태블릿tablet'에 '~ 같은', '~ 모양의'란 뜻의 '오이드oid'를 합쳐 만든 신조어였으며, 새로 만든 알약이 넓적한 형태인 데 착안해 그런 이름을 붙였다. 그 시대의 알약들은 둥글어서 바닥에 놓으면 굴러가곤 했는데, 타블로이드는 그렇지 않아서 소비자들에게 인기를 끌었다.

19세기 말엽에는 압축된 작은 물체들도 대부분 tabloid로 불렸다. 같은 맥락에서 'in tabloid form(타블로이드 형태로)'은 '간결하게', '요약하여'라는 의미로 통용되었다.

급기야 대형 신문보다 작은 크기의 신문 내용을 '타블로이드 저널리즘tabloid journalism'이라고 하기에 이르렀다. 보통 신문지 절반 크기의 신문은 흔히 '타블로이드'라 불렸으며, 상대적으로 작은 지면을 감안해 여러 가지 기사를 줄여 편집했다. 타블로이드 신문들은 선정적인 소식을 경쟁적으로 보도해 대중의 눈길을 끌려는 경향이 강했다. 1903년 타블로이드

37

에 대한 상표 분쟁이 벌어졌으나, 법원이 상표권 침해에 해당되지 않는다고 결론 내림에 따라 tabloid는 '값싸고 대중적인 작은 신문'을 일컫는 말로 더 널리 쓰이게 됐다.

GAME 게임

'게임game'은 '기뻐 날뛰다'라는 의미의 인도유럽어 어간 'ghem'에 어원을 두고 있다. 이 말이 '놀이를 즐기다'란 뜻의 고대 영어 '가멘gamen'을 거쳐 현대 영어 game이 되었다. 오늘날 game은 규칙을 정해놓고 승부를 겨루는 놀이를 뜻하며, 특히 운동경기를 가리킨다.

하지만 옛날의 게임은 놀이가 아니라 사냥으로, 정해진 시간 안에 짐승을 많이 잡은 사람이 승리한 것으로 여겼다. 다시 말해 왕이나 귀족이 사냥을 통해 전투에서 느끼는 성취감을 즐기던 것이 게임의 본래 모습이었다.

한편 중세 유럽에서 행해진 축구도 게임으로 불렸다. 당시 축구는 유흥이 아니라 온 마을 사람이 단결심을 기르고자 참가하는 행사로서, 부상자가 많이 나오는 거친 놀이였다.

동물들의 싸움을 즐기는 게임도 있었다. 고대 로마 시대에 성행해 영국에 전해진 '투계gamecock'가 대표적이다. 투계는 12세기 영국에서 대중적인 놀이로 크게 유행했다.

007

출발 ➡

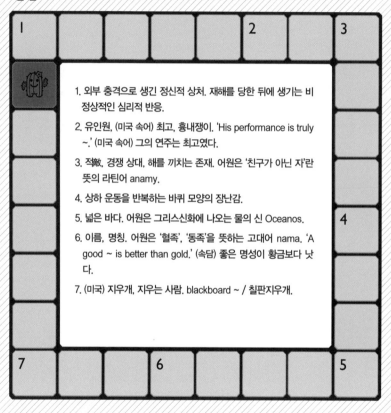

1				2		3

1. 외부 충격으로 생긴 정신적 상처. 재해를 당한 뒤에 생기는 비정상적인 심리적 반응.

2. 유인원, (미국 속어) 최고, 흉내쟁이. 'His performance is truly ~.' (미국 속어) 그의 연주는 최고였다.

3. 적敵, 경쟁 상대, 해를 끼치는 존재. 어원은 '친구가 아닌 자'란 뜻의 라틴어 anamy.

4. 상하 운동을 반복하는 바퀴 모양의 장난감.

5. 넓은 바다. 어원은 그리스신화에 나오는 물의 신 Oceanos.

6. 이름, 명칭. 어원은 '혈족', '동족'을 뜻하는 고대어 nama. 'A good ~ is better than gold.' (속담) 좋은 명성이 황금보다 낫다.

7. (미국) 지우개, 지우는 사람. blackboard ~ / 칠판지우개.

7			6			5

첫 글자 힌트 1. T 3. E 5. O

007 정답

출발 ➡

1. trauma [trɔ́ːmə] [명] 외부 충격으로 생긴 상처, 정신적 외상.

2. ape [eip] [명] 유인원, 원숭이, 흉내쟁이, 절정, 최고.

3. enemy [énəmi] [명] 적, 경쟁 상대, 유해물.
It is easier to forgive an enemy than to forgive a friend.
친구를 용서하는 것보다 원수를 용서하는 것이 훨씬 쉽다.

4. yoyo [jóujòu] [명] 요요 장난감, 요요처럼 거듭되는 상하 운동.

5. ocean [óuʃən] [명] 대양, 끝없이 넓음.
Little drop of water makes the mighty ocean.
작은 물방울이 모여 큰 바다를 이룬다(티끌 모아 태산).

6. name [neim] [명] 이름, 명칭.
To mention the wolf's name is to see the same.
늑대의 이름을 말하면 늑대가 나타난다(호랑이도 제 말 하면 온다).

7. eraser [iréisər] [명] 지우개, 지우는 사람.
Erasers are very handy when you make a mistake.
지우개는 실수할 때 매우 유용하다.

YOYO 요요

손가락에 줄을 끼우고 늘어뜨렸다가 빠르게 당겨서 위로 올라오도록 하는 장난감이다. 동그란 원형 가운데에 막대를 축으로 해서 끈을 매단 것으로, 이 끈을 감았다가 늘어뜨리면 내려갔던 요요가 다시 빠르게 위로 올라오도록 되어 있다. 필리핀 원주민어 'yoyo'가 어원으로 '온다 온다' 또는 '되돌아온다'라는 뜻이다.

힘들게 노력해서 뺀 살이 다시 쪘을 때 쓰는 표현으로 '요요 현상'이 있다. 체중이 줄었다가 늘어남을 요요의 작용에 비유한 말이다. 그러나 몸무게 증감이 반복되는 현상은 의학계 용어로 '웨이트 사이클링weight cycling'이라고 한다.

NAME 네임

고대 유럽인들은 '아버지 중심의 혈연관계'를 '나메name' 또는 '나마nama'라고 말했는데, '이름'이라는 뜻의 영어 단어 '네임name'은 여기에 어원을 두고 있다. 그렇지만 이때까지도 이름을 가진 사람은 많지 않았다. 왕족이나 귀족처럼 특별한 권력을 가진 사람만이 색다른 이름을 가질 수 있었고, 보통 사람들은 되는 대로 불렀다.

중세 시대에 귀족이 늘어나면서 이름을 가진 사람이 많아지자 이름 외에 또 다른 이름을 붙이기 시작했다. 바로 패밀리 네임family name으로, 가족 구성원을 묶어 부르는 이름이었다. 우리말로 풀이하면 '성姓'이다.

성은 처음에 귀족만 사용했으나 점차 평민들도 따라했으며, 살고 있는 지역이나 직업을 성으로 정하곤 했다. 예컨대 런던에 사는 잭은 잭 런던Jack London이라 했고, 빵 장수 존은 존 베이커John Baker라고 이름과 성을 붙여 말했다.

한편 우리는 성을 앞에 두고 이름을 뒤에 두는데, 이것은 집단 질서를 소중하게 생각한 데서 비롯된 관습이다. 이에 비해 영국인이나 미국인은 개인 이름을 앞에 두고 성을 뒤에 두는데, 이것은 자신(개인)을 가장 소중히 여기는 정서를 바탕으로 하고 있다.

008

출발 ➡

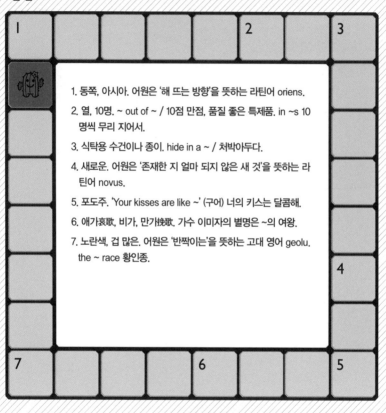

I					2		3

1. 동쪽, 아시아. 어원은 '해 뜨는 방향'을 뜻하는 라틴어 oriens.

2. 열, 10명. ~ out of ~ / 10점 만점, 품질 좋은 특제품. in ~s 10명씩 무리 지어서.

3. 식탁용 수건이나 종이. hide in a ~ / 처박아두다.

4. 새로운. 어원은 '존재한 지 얼마 되지 않은 새 것'을 뜻하는 라틴어 novus.

5. 포도주. 'Your kisses are like ~' (구어) 너의 키스는 달콤해.

6. 애가哀歌, 비가, 만가挽歌. 가수 이미자의 별명은 ~의 여왕.

7. 노란색, 겁 많은. 어원은 '반짝이는'을 뜻하는 고대 영어 geolu. the ~ race 황인종.

7				6			5

첫 글자 힌트 1. O 3. N 5. W

43

008 정답

출발 ➡

1. orient [ɔ́ːriənt] [명] 동쪽, 아시아. | [동] 순응하다, 동쪽으로 향하다.
Orient a building north.
건축물을 북향으로 짓다.

2. ten [ten] [명] 숫자 10. | [형] 10의, 막연히 많은.
A fish on the hook is better than ten in the brook.
낚싯바늘에 걸린 생선 한 마리가 냇가의 열 마리보다 낫다.

3. napkin [nǽpkin] [명] 냅킨, 손수건.
It's a pity that he hides his talents in a napkin.
그가 자신의 재능을 썩히고 있는 게 안타깝다.

4. new [njuː] [형] 새로운, 싱싱한, 낯선.
There is nothing new under the sun.
세상에서 완전히 새로운 것은 없다.

5. wine [wain] [명] 포도주, 과실주.
Good wine needs no bush.
좋은 술에는 간판이 필요 없다.

6. elegy [élədʒi] [명] 애가, 만가, 슬픈 노래.

7. yellow [jélou] [명] 노랑, 노란 것. | [형] 노란, 겁 많은, 선정적인.

ORIENT 오리엔트

'오리엔트orient'의 어원은 '해가 떠오르는 곳'이란 뜻의 라틴어 '오리엔스oriens'이다. 고대 로마제국이 언급한 오리엔트는 아시아 전체가 아니라 메소포타미아 문명과 이집트 문명이 일어난 지역을 일컬었다. 인류 초기 문명이 그곳에서 일어나 자신들(로마제국)의 번성으로 이어졌다는 뜻을 담은 말이 오리엔트인 것이다. 로마 속담 '빛은 오리엔트에서'의 오리엔트도 메소포타미아와 이집트 문명을 가리키는 말이다.

18세기 산업혁명 이후 세계관이 확대되면서 오리엔트는 유럽에 대칭되는 뜻으로 인도와 중국을 포함한 지역을 가리켰다. 즉 중세 이후 인도와 중국 등의 존재를 강하게 인식한 유럽인들은 이 지역이 그들의 동쪽에 있었으므로 오리엔트라는 개념의 영역을 확장한 것이다. 그리고 제2차 세계대전 종결과 함께 아시아 대륙 전체를 오리엔트라고 규정했다.

오리엔트는 서양 중심적 관점에서 생긴 말이고 본래 의미도 중동 지역을 가리켰으므로, 동양의 번역어로는 적절치 않다. 또한 한국과 중국과 일본은 아시아 대륙의 동쪽이라는 뜻에서 '동아시아East Asia'라고 표현함이 옳다.

NAPKIN 냅킨

'천 조각'을 뜻하는 라틴어 '마파mappa'에 어원을 두고 있다. '마파'는 고대 로마 시대에 왕족이나 귀족들이 쓰던 수건을 가리키는 말이다. 로마 시대에는 그리스 관습을 모방한 연회가 자주 열렸는데, 이때 연회에 참가하는 사람은 자기가 사용할 마파를 가져가는 것이 관습이었다. 마파는 자신이 앉는 의자를 덮거나, 아니면 자기가 특별히 좋아하는 음식을 싸 오는 데 사용됐다. 다시 말해 자기 자리를 깨끗이 하고 주인의 음식 솜씨를 칭찬하기 위해서 마파가 사용됐으며, 식사 중에는 입을 닦는 용도로도 쓰였으니 냅킨의 효시인 셈이다.

개인용 냅킨은 16세기경에 등장했으며, 이 시기에 사치 풍조가 만연해 식사할 동안 냅킨이 몇 번씩 바뀌곤 했다. 이 냅킨은 대개 목에 둘렀는데, 당시 유행복의 칼라(목 부분 장식)를 깨끗하게 하기 위해서였다. 오늘날 일부 지역에서 냅킨을 목에 거는 관습은 이때 시작된 것이다. 17세기 후반에는 만찬에 초대받은 남자가 턱받이 모양의 냅킨을 갖고 가기도 했다.

한편 냅킨은 '식탁용 수건 또는 종이'를 의미하지만 영국에서는 '기저귀'의 뜻으로도 쓴다.

009

출발 ➡

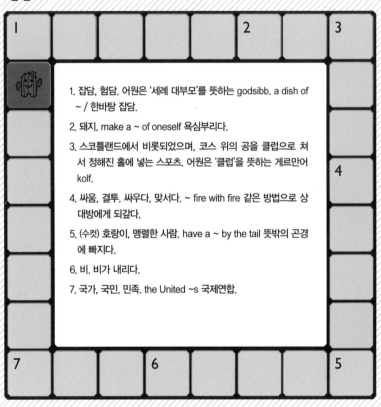

I					2		3

1. 잡담, 험담. 어원은 '세례 대부모'를 뜻하는 godsibb. a dish of ~ / 한바탕 잡담.

2. 돼지. make a ~ of oneself 욕심부리다.

3. 스코틀랜드에서 비롯되었으며, 코스 위의 공을 클럽으로 쳐서 정해진 홀에 넣는 스포츠. 어원은 '클럽'을 뜻하는 게르만어 kolf.

4. 싸움, 결투. 싸우다, 맞서다. ~ fire with fire 같은 방법으로 상대방에게 되갚다.

5. (수컷) 호랑이, 맹렬한 사람. have a ~ by the tail 뜻밖의 곤경에 빠지다.

6. 비. 비가 내리다.

7. 국가, 국민, 민족. the United ~s 국제연합.

7			6				5

첫 글자 힌트 1. G 3. G 5. T

009 정답

출발 ➡

```
G O S S I P I G
N             O
O             L
I             F
T             I
A             G
N I A R E G I T
```

1. gossip [gásip] [명] 잡담, 험담, 세상 사는 이야기. | [동] 수군거리다, 험담하다.
From gossiping comes repentance.
험담은 후회를 부른다.

2. pig [pig] [명] 돼지. | [동] 새끼를 낳다.

3. golf [gɑlf] [명] 골프.
Cheat at golf, cheat at work.
골프(와 같은 놀이)에서도 부정을 저지르는 사람은 일할 때도 부정을 저지른다.

4. fight [fait] [명] 싸움, 승부를 겨루는 일대일 격투. | [동] 싸우다, 맞서다.
Even a rat, when cornered, will turn and fight.
쥐도 궁지에 몰리면 덤빈다.

5. tiger [táigər] [명] 호랑이, 맹렬한 사람.

6. rain [rein] [명] 비, 빗발. | [동] 비가 내리다.

7. nation [néiʃən] [명] 국가, 국민, 민족.
A nation reveals itself not only by the men it produces but also by the men it remembers.
국가는 배출한 인물뿐만 아니라 그곳에서 기억하는 인물을 통해서 자신이 어떤 국가인지를 드러낸다.

GOSSIP 가십

'신과의 만남', '신과 관련된'이라는 뜻의 중세 영어 '고드십godsibb'에서 비롯된 말이다.

중세에는 세례명 짓는 사람을 신과 접촉한다는 의미에서 godsibb이라 칭했고, 대부代父 또는 대모代母를 뜻했다. 셰익스피어는 〈베로나의 두 신사〉(1595)에서 '아이에게 세례를 준 사람'이라는 의미로 가십이란 말을 썼다.

가톨릭 문화권에서 대부모는 첫돌이나 생일 등 기회가 있을 때마다 아이의 집에 드나들면서 많은 일들을 보고 듣는다. 또한 아이의 부모와도 친분을 쌓아 허물없는 대화를 나눈다.

상황이 이러하니 대부모는 그 집안의 많은 일들을 알게 되는데, 그중에서 색다르거나 흥미로운 일들을 친한 사람에게 말하곤 했다. 남의 집안일을 속으로만 간직해둬야 하는데 사람 입이 그렇지 않은지라 소문을 내게 되는 것이다.

그래서 가십이란 말은 '세례를 준 대부모'에서 '친한 사람', '동무'라는 의미로 쓰이다가 '친구에게만 하는 이야기'를 거쳐 '친한 사람들의 수다'로 뜻이 변했다. 철자 또한 godsibb에서 gossip으로 바뀌었다. 오늘날에는 '유명한 사람과 사회적 사건에 대해 흥미 위주로 가볍게 다루거나 비꼬아서 쓴 기사' 또는 '남에 관한 소문 이야기'라는 뜻으로 쓰이고 있다.

NATION 네이션

영어 '네이션nation'은 '태어남'을 뜻하는 라틴어 '나티오 natio'에 어원을 두고 있다. '리퍼블릭republic'은 고대에 '국가' 를 의미했으나, 현재는 '공화국'이라는 뜻으로 쓰인다.

국가의 역사는 서유럽에서 고대 그리스로부터 시작된다. 플라톤과 아리스토텔레스는 폴리스polis(도시국가)를 공동체의 욕구를 충족시키는 이상적인 사회 형태로 보았다. 아리스토 텔레스는 자급자족을 주요 특성으로 하는 도시국가를 인간 이 도덕성을 함양해가는 터전이라고 생각했다.

그리스적 개념이 민족 개념과 유사하다면, 로마의 '레스 푸 블리카res publica'는 국가 개념에 더 가깝다. 'republic'은 여기 에서 유래되었다. 레스 푸블리카는 로마 시민의 권리와 의무 를 규정한 법규범 체계였다. 하지만 근대적 국가 개념이 싹튼 것은 16세기에 들어와서이다. 이탈리아의 마키아벨리는 국 가를 '안정을 이룩하는 결집된 권력'으로 파악했다.

010

출발 ➡

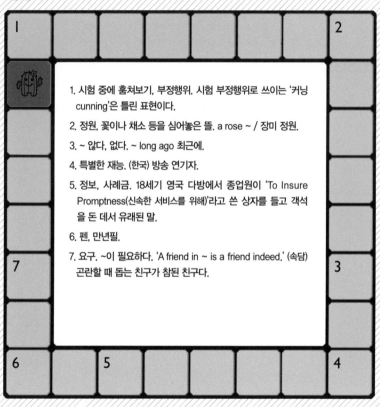

1							2
🌵							
7							3
6		5					4

1. 시험 중에 훔쳐보기, 부정행위. 시험 부정행위로 쓰이는 '커닝 cunning'은 틀린 표현이다.

2. 정원, 꽃이나 채소 등을 심어놓은 뜰. a rose ~ / 장미 정원.

3. ~ 않다, 없다. ~ long ago 최근에.

4. 특별한 재능. (한국) 방송 연기자.

5. 정보, 사례금. 18세기 영국 다방에서 종업원이 'To Insure Promptness(신속한 서비스를 위해)'라고 쓴 상자를 들고 객석을 돈 데서 유래된 말.

6. 펜, 만년필.

7. 요구. ~이 필요하다. 'A friend in ~ is a friend indeed.' (속담) 곤란할 때 돕는 친구가 참된 친구다.

첫 글자 힌트 1. C 2. G 4. T

51

010 정답

출발 ➡

1. cheating [tʃíːtiŋ] [명] 부정행위, 속임수.

2. garden [gáːrdn] [명] 정원, 뜰, 화원.
Our bodies are our gardens, to the which our wills are gardeners.
우리의 신체는 우리의 정원이며, 우리의 의지는 정원사이다.

3. not [nɑt] [부] ~ 않다, ~이 아니다, 없다.
The real fault is to have faults and not to a mend them.
진짜 결점은 자신의 결점을 알면서도 개선하려고 노력하지 않는 것이다.

4. talent [tǽlənt] [명] 특별한 재능, (타고난 예술적) 재주, 뛰어난 사람.
With people of limited ability modesty is merely honesty. But with those who possess great talent it is hypocrisy.
평범한 사람의 겸손은 정직함이지만, 뛰어난 사람의 겸손은 위선일 뿐이다.

5. tip [tip] [명] 정보, 비결, 귀띔, 봉사료, 사례금, 첨단.

6. pen [pen] [명] 펜, 만년필.
The pen is mightier than the sword.
펜은 칼보다 강하다.

7. need [niːd] [명] 필요, 요구, 수요. | [동] ~이 필요하다, ~을 필요로 하다.
A friend in need is a friend indeed.
곤란할 때 돕는 친구가 참된 친구다.

CHEATING 치팅

시험 볼 때 저지르는 부정행위를 우리나라에서는 흔히 '커닝cunning'이라고 한다. cunning은 '교활', '간사' 등을 의미하는데, 그 어원은 '아는 것'을 뜻하는 고대어 '커넨cunnen'에 있다. 그래서 교활하게 훔쳐보는 일을 가리켜 커닝이라고 표현하지만, 한국에서만 통하는 이른바 콩글리시다.

커닝에 해당하는 올바른 영어는 '치팅cheating' 또는 '크립crib'이다. cheating은 '치트cheat'의 동명사이며, cheat의 어원은 중세 영어 '에쉬체트eschet'의 단축형이다. eschet는 중세 봉건시대에 사람이 죽은 다음 마땅한 후계자가 없을 때 영주에게 소유물을 귀속하는 일을 말한다. 이런 경우 소유물에 대한 권리를 주장하는 사람들은 속았다고 느끼면서 '속임수', '사기'라는 말이 나왔다.

시험에서 부정행위는 다른 사람 쪽에서 속은 것이나 다름없다. 그래서 답안을 몰래 훔쳐보는 행위를 cheating이라고 표현하는 것이다. 그런가 하면 crib은 (남의 작품, 노트, 답안 등의) '도용'이나 '표절'을 뜻하는 속어로 많이 쓰이고 있다.

TALENT 탤런트

우리나라에서 '탤런트talent'는 1961년 처음 등장했다. 그해 12월 31일 KBS-TV가 개국되면서 최길호, 박주아, 김혜자, 정혜선, 최정훈, 박병호 등 연기자 26명을 선발했는데, 그때 방송 관계자들 사이에 탤런트라는 말이 최초로 사용됐다. 이는 방송 기술자나 사무원과 구별하기 위한 표현이었는데 이후 그대로 관습화되었다.

하지만 서양인에게 '연기자', '배우'라는 뜻으로 말하려면 남성은 '액터actor', 여성은 '액트리스actress'라고 해야 한다. '예능인'이라는 뜻의 탤런트는 한국식 영어인 까닭이다.

한편 talent의 어원은 '저울'을 뜻하는 고대 그리스어 '탈란톤talanton'이다. talanton은 처음에 무게 단위로 쓰이다가 이내 '은銀의 무게'를 뜻했고, 이윽고 화폐 단위가 되었다.

그런데 중세의 어느 성직자가 《신약성서》〈마태복음〉 25장 12절 "각자의 능력에 따라서 어떤 자에게는 다섯 탤런트, 어떤 자에게는 두 탤런트, 어떤 자에게는 한 탤런트를 주었다"라는 문장을 '돈의 단위'가 아니라 '(사용하는 사람의) 재능'이라고 해석하는 바람에 '재능'의 뜻이 일반화됐다. 이로써 talent는 '(어느 특정 분야에 대한) 재능이나 소질 또는 적성'을 의미하는 말로 쓰이고 있다.

011

출발 ➡

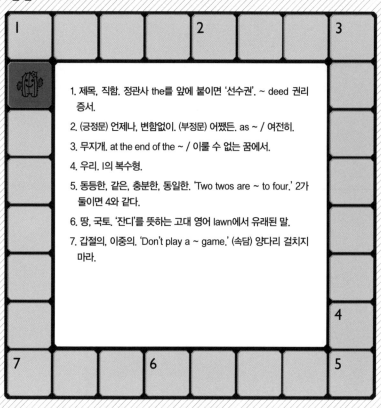

I			2			3

1. 제목, 직함. 정관사 the를 앞에 붙이면 '선수권'. ~ deed 권리 증서.

2. (긍정문) 언제나, 변함없이. (부정문) 어쨌든. as ~ / 여전히.

3. 무지개. at the end of the ~ / 이룰 수 없는 꿈에서.

4. 우리. I의 복수형.

5. 동등한, 같은, 충분한, 동일한. 'Two twos are ~ to four.' 2가 둘이면 4와 같다.

6. 땅, 국토. '잔디'를 뜻하는 고대 영어 lawn에서 유래된 말.

7. 갑절의, 이중의. 'Don't play a ~ game.' (속담) 양다리 걸치지 마라.

7			6			5

첫 글자 힌트 1. T 3. R 5. E

55

011 정답

T	I	T	L	E	V	E	R
E						A
L						N
B						B
U						O
O						W
D	N	A	L	A	U	Q	E

1. title [táitl] [명] 제목, 표제, 직함.

2. ever [évər] [부] 일찍이, 언제나, 항상, 변함없이.
The escaped mouse ever feels the taste of the bait.
(덫에서) 탈출한 쥐는 미끼의 맛을 항상 잊지 못한다.

3. rainbow [reinbou] [명] 무지개.

4. we [wi:] [대] 우리, 일인칭 복수격, 우리 인간.
We are all brothers and sisters.
인류는 모두 형제다.

5. equal [íːkwəl] [형] 같은, 동등한, 충분한.
All men are equal on the turf and under it.
잔디 위에서나 아래에서나 모든 사람의 처지는 같다.

6. land [lænd] [명] 뭍, 땅, 국토.
In the land of the blind, the one-eyed man is king.
장님들의 땅에서는 애꾸눈이가 왕이다.

7. double [dʌ́bəl] [형] 갑절의, 두 배의, 이중의.
Don't play a double game.
양다리 걸치지 마라.

RAINBOW 레인보우

'무지개'의 어원은 '물지게'이다. '물방울들이 햇빛에 반사되어서 문⾨(지게)처럼 보이는 현상'이라는 뜻에서 '물지게'라는 말이 생겼다. 일상생활에서 집과 방을 드나들 때 거치게 되는 문이 큰 비중을 차지한 데서 나온 말이다.

이에 비해 '레인보우rainbow'는 '비rain 온 뒤에 나타나는 구부러진 활bow 모양의 현상'을 표현한 말이다. 크고 작은 전투가 끊임없이 벌어진 중세 유럽에서 활은 큰 위력을 발휘하던 전쟁 문화의 산물이다.

무지개 모양에 대한 시각은 이처럼 다르지만 무지개를 바라보는 사람의 마음은 비슷했다. "무지개가 있는 곳에는 값진 보물이 묻혀 있을 거야." 많은 나라 사람들이 무지개 너머에 신비한 무엇인가가 있으리라고 생각했다.

유럽에서는 하늘이 알려준 신비한 표시인 무지개가 선 곳을 파면 금은보화가 나온다는 전설이 있었다. 아일랜드에서는 금시계가, 그리스에서는 금열쇠가, 노르웨이에서는 금병과 금스푼이 무지개가 선 곳에 숨겨져 있다고 믿었다.

하지만 무지개를 좇는 것은 불가능한 일이다. 'at the end of the rainbow(이룰 수 없는 꿈에서)'라는 관용어는 여기서 나왔다. 그러나 사람들은 비 온 뒤 떠오르는 무지개를 보면서 고난을 겪은 뒤의 희망을 보았다. 그래서 'No rain, No rainbow(비가 내리지 않으면 무지개도 볼 수 없다)'라는 격언도 생겼다.

LAND 랜드

'잔디'를 뜻하는 고대 영어 '론lawn'에서 비롯된 말로, 바다나 강물에 대비된 관점에서 잔디(풀)가 있는 뭍(땅)을 '랜드land'라 말하게 되었다.

'상륙', '착륙'을 뜻하는 '랜딩landing'이라는 용어도 land의 의미를 잘 나타내주고 있다. 땅을 벗어난 상태에서 땅으로 들어가는 행위가 곧 랜딩인 것이다. 예전에는 배에서 내려 땅으로 들어가는 것을 가리켰으나, 비행기가 발명된 뒤로는 하늘에서 땅으로 내려오는 일도 랜딩이라고 한다.

땅에 대한 소유권이 생기면서 땅을 거래하는 일이 많아졌고, 그런 일을 도맡아 하는 직업인을 '랜드 에이전트land agent'라고 불렀다. 랜드 에이전트는 '토지 매매 중개업자'나 '부동산 회사'라고 번역되며, 영국에서는 '소유지 관리인'을 의미하기도 한다.

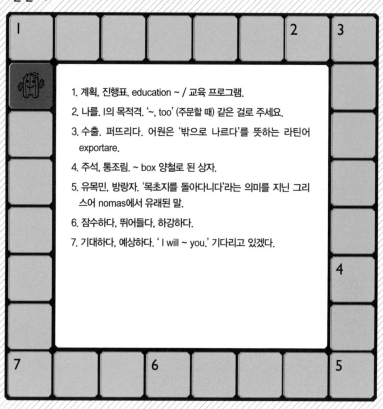

012

출발 ➡️

```
┌─────────────────────────────────────────┐
│  1                      2    3           │
│                                          │
│  🌵  1. 계획, 진행표. education ~ / 교육 프로그램. │
│      2. 나를. I의 목적격. '~, too' (주문할 때) 같은 걸로 주세요. │
│      3. 수출. 퍼뜨리다. 어원은 '밖으로 나르다'를 뜻하는 라틴어 │
│         exportare.                       │
│      4. 주석, 통조림. ~ box 양철로 된 상자.   │
│      5. 유목민, 방랑자. '목초지를 돌아다니다'라는 의미를 지닌 그리 │
│         스어 nomas에서 유래된 말.           │
│      6. 잠수하다, 뛰어들다, 하강하다.         │
│      7. 기대하다, 예상하다. ' I will ~ you.' 기다리고 있겠다. │
│                                      4   │
│                                          │
│  7              6                    5   │
└─────────────────────────────────────────┘
```

첫 글자 힌트 1. P 3. E 5. N

012 정답

출발 ➡

1. program [próugræm] [명] 계획, 예정, 일정, 진행표, (컴퓨터) 프로그램.

2. me [mi:] [대] 나를, 나에게. I의 목적격.
You expect too much from me.
저에게 너무 많은 기대를 하시네요.

3. export [ekspɔ:rt] [명] 수출. | [동] 수출하다, 퍼뜨리다, 전하다.
Laughter is America's most important export.
웃음이 미국의 가장 주요한 수출품이다.

4. tin [tin] [명] 주석, 통조림, 양철.

5. nomad [nóumæd] [명] 유목민, 방랑자.

6. dive [daiv] [동] 잠수하다, 뛰어들다, 하강하다. | [명] 잠수, 몰두.
The Diving Bell and the Butterfly.
《잠수종과 나비》(장 도미니크 보비가 왼쪽 눈의 깜빡임만으로 집필한 회고록).

7. expect [ikspékt] [동] 기대하다, 바라다, 예상하다.
A great obstacle to happiness is expecting too much happiness.
행복에 대한 기대가 너무 크면 행복하기가 힘들다.

PROGRAM 프로그램

'먼저의', '앞으로 나가는'이란 뜻의 접두어 'pro'와 '표시', '기록', '문서'를 뜻하는 'gram'을 합친 말로, '앞에 표시된 기록'을 가리킨다. 따라서 '프로그램program'은 '뭔가를 하기 전에 쓰거나 만드는 일', 나아가 '일의 진행 계획이나 순서'를 일컫는 말로 쓰이고 있다.

공연장에서 받는 프로그램에는 그날 공연 순서가 적혀 있고, 텔레비전 편성표에는 방송될 내용이 시간별로 기록되어 있다. 학교에서는 효과적인 교육을 위한 프로그램을 만들곤 한다. 요컨대 프로그램은 진행 과정을 계획하거나 적어놓은 기록표인 것이다.

미국의 35대 대통령 존 F. 케네디의 다음과 같은 명언에서도 program의 의미를 파악할 수 있다. "There are risks and costs to a program of action. But they are far less than the long-range risks and costs of comfortable inaction(행동 계획에는 위험과 대가가 따른다. 하지만 이는 나태하게 아무 행동도 취하지 않는 데 따르는 장기간의 위험과 대가에 비하면 훨씬 적다)."

컴퓨터가 발명된 뒤로는 '어떤 문제를 해결하도록 컴퓨터에 주어지는 자료 처리 방법과 순서를 기술한 일련의 명령문 집합체'도 프로그램이라고 하고 있다. 진행 과정을 기록한 것이기 때문이다.

EXPORT 익스포트

어원은 라틴어 '익스포르타레exportare'로, ex는 '밖으로'라는 의미의 접두어이며 portare는 '나르다'라는 뜻이다. portare는 'port'의 형태로 여러 영어 단어에 쓰이고 있다. 'import(수입하다)', 'export(수출하다)', 'portable(휴대할 수 있는)' 등이 대표적이다.

그중 export는 물건은 물론 생각이나 기술 등을 밖으로 옮길 때도 쓰인다. export가 '물건을 수출하다', '사상을 전파하다', '기술을 외국에 알려주다' 등 다양하게 쓰이는 이유가 여기에 있다.

013

출발 ➡

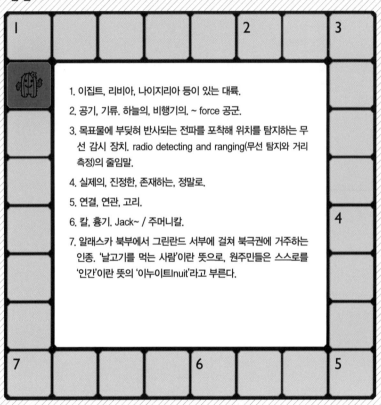

1				2		3

1. 이집트, 리비아, 나이지리아 등이 있는 대륙.

2. 공기, 기류. 하늘의, 비행기의. ~ force 공군.

3. 목표물에 부딪혀 반사되는 전파를 포착해 위치를 탐지하는 무선 감시 장치. radio detecting and ranging(무선 탐지와 거리 측정)의 줄임말.

4. 실제의, 진정한, 존재하는, 정말로.

5. 연결, 연관, 고리.

6. 칼, 흉기. Jack~ / 주머니칼.

7. 알래스카 북부에서 그린란드 서부에 걸쳐 북극권에 거주하는 인종. '날고기를 먹는 사람'이란 뜻으로, 원주민들은 스스로를 '인간'이란 뜻의 '이누이트Inuit'라고 부른다.

첫 글자 힌트 1. A 3. R 5. L

63

013 정답

1. Africa [ǽfrikə] [명] 아프리카.

2. air [ɛər] [명] 공기, 대기, 태도, 분위기. | [형] 하늘의, 비행기의, 항공의.
A feather in hand is better than a bird in the air.
손 안의 깃털이 하늘을 나는 새보다 낫다.

3. radar [réidɑːr] [명] 레이더, 전파탐지기.

4. real [ríːəl] [형] 실제의, 진짜의, 진정한, 존재하는. | [명] 진실, 현실.
How would you know the difference between the dream world and the real world?
당신은 꿈과 현실의 차이를 구분할 수 있는가?

5. link [liŋk] [명] 사슬, 연결, 연관, 고리.
Painting is a bridge linking the painter's mind with that of the viewer.
그림은 화가 마음과 감상자 마음을 연결하는 교량이다.

6. knife [naif] [명] 칼, 식칼, 흉기.
In a smith's house the knife is wooden.
대장장이 집의 칼은 나무칼이다(정작 자신은 자신이 만든 것의 혜택을 보지 못한다).

7. Eskimo [éskəmòu] [명] 에스키모인.

AFRICA 아프리카

'아프리카Africa'는 인류의 발상지로 여겨지는 곳이다. 사람이 나체로 있을 때 생존 가능한 18~22도의 기온 때문에 원시인은 아프리카에서 시작되었다고 여겨진다.

Africa라는 단어는 본래 지중해 남쪽 해안(오늘날의 리비아 부근)에 거주하던 원주민이 사용한 지명이다. 그 지역 원주민이 자신들이 사는 지역을 아프리카라고 불렀던 것이다. 그렇지만 이후 변동하는 역사와 함께 의미하는 지역이 넓어졌다. 예컨대 그리스인들은 리비아 지역을, 로마인들은 카르타고 지역을, 아랍인들은 북서아프리카 지역을 가리키는 말로 썼고, 16세기 네덜란드 항해자들은 대륙 전체를 그렇게 불렀다.

AIR 에어

어원은 그리스어 '아레are'이다. 본래는 '낮은 대기', '안개' 등을 뜻했으나 이후 '공중', '공기', '대기' 등을 의미하게 되었다. 기본적으로는 'the night air(밤공기)', 'in the open air(집 바깥에서)', 'walk on air(너무너무 기분이 좋다)'의 사례에서 보듯

우리가 호흡할 수 있는 공기와 연관되어 쓰이고 있다.

또한 방송국에 가보면 생방송을 진행하는 곳에 'On-Air'란 표시등이 켜진 것을 볼 수 있다. on-air는 'on the air'라고도 하며 '방송 중'이란 뜻이다. 방송국에서 보내는 무선전파는 공기를 통해 시청자나 청취자에게 전달되기에 그런 표현이 생긴 것이다. 더 정확히 표현하면 'the program is transmitting on air now(지금 프로그램을 전송하는 중입니다)'의 줄임말이 on-air 이다.

014

출발 ➡

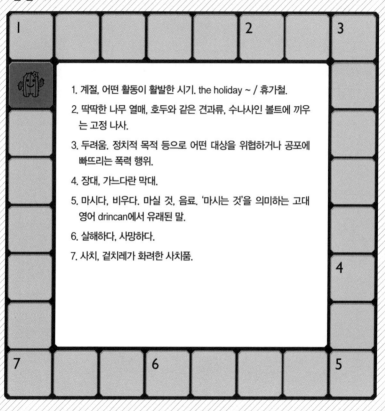

1. 계절, 어떤 활동이 활발한 시기. the holiday ~ / 휴가철.
2. 딱딱한 나무 열매, 호두와 같은 견과류, 수나사인 볼트에 끼우는 고정 나사.
3. 두려움. 정치적 목적 등으로 어떤 대상을 위협하거나 공포에 빠뜨리는 폭력 행위.
4. 장대, 가느다란 막대.
5. 마시다, 비우다. 마실 것, 음료. '마시는 것'을 의미하는 고대 영어 drincan에서 유래된 말.
6. 살해하다, 사망하다.
7. 사치, 겉치레가 화려한 사치품.

첫 글자 힌트 1. S 3. T 5. D

67

014 정답

출발 ⇒

S	E	A	S	O	N	U	T
Y							E
R							R
U							R
U							O
L	L	I	K	N	I	R	D

1. season [síːzən] [명] 계절, 때, 한창, 시기.
A man without reason is a beast in season.
이성이 없는 인간은 (발정 난) 시기의 짐승이다.

2. nut [nʌt] [명] 견과, 어려운 일, 고정 나사.

3. terror [térər] [명] 두려움, 공포, 테러.
Death has but one terror, that it has no tomorrow.
죽음에는 오직 내일이 없다는 단 하나의 두려움만이 있다.

4. rod [rɑd] [명] 장대, 막대, 애가지, 회초리.
Spare the rod and spoil the child.
매를 아끼면 아이를 망친다.

5. drink [driŋk] [동] 마시다, 비우다. | [명] 마실 것, 음료.

6. kill [kil] [동] 죽이다, 꺾다, 억압하다.
Curiosity killed the cat.
호기심이 고양이를 죽인다.

7. luxury [lʌ́kʃəri] [명] 사치, 즐거움, 호사. | [형] 사치스러운.
Women prefer poverty with love to luxury without it.
여자는 사랑 없는 호사보다는 사랑이 있는 궁핍을 택한다.

SEASON 시즌

로마신화에 케레스Ceres라는 곡물의 여신이 있었다. 그런데 어느 날 여신의 사랑스러운 딸 페르세포네Persephone가 지옥의 신 플루토Pluto에게 납치되는 사건이 일어났다. 뒤늦게 그 사실을 알게 된 케레스는 주피터Jupiter에게 도움을 청했다. 주피터는 고개를 끄덕였으나, 지옥에서 음식을 먹은 적 있다면 지상에서 영원히 살 수 없다는 조건을 달았다. 불행히도 페르세포네는 석류 씨 네 알을 먹은 일이 있었다. 주피터는 플루토와 협의한 뒤 석류 씨 한 알을 한 달로 계산해 1년 중 4개월은 지옥에 머무르고 8개월은 땅에서 살 수 있도록 했다.

케레스는 딸이 돌아와 무척 기뻐했지만 4개월 동안 지옥에 머물 때는 슬퍼서 눈물을 흘렸다. 곡물의 신이 대지를 돌보지 않으니 지상의 4개월은 버림받은 시간이나 다름없었다. 오늘날 1년 중 4개월은 춥고 황량한 겨울이고, 4개월마다 계절이 변하는 것은 그 때문이라고 전한다.

'시즌season'은 '씨뿌리기'를 뜻하는 라틴어 '사티오satio'에서 비롯된 말로, 점차 시간이 흐르면서 '계절'이나 '시기'를 뜻하게 됐다.

TERROR 테러

폭력으로 상대를 위협하거나 공포에 빠뜨리는 행위를 일컫는다. 어원은 '무섭게 만들다'라는 뜻의 라틴어 '테레레 terrere'이다.

테러보다 무서운 공포를 '호러horror'라고 한다. horror는 '무서워서 머리카락이 곤두서다'라는 뜻의 라틴어 '호레레 horrere'에서 파생했다. 공포 영화를 '호러 영화'라고도 하는데, 머리가 쭈뼛하는 까닭에 그렇게 말하는 것이다.

카인이 동생 아벨을 시기해 죽인 것을 최초의 살인이자 (하나님에 대한) 테러로 보는 시각도 있지만, 일반적으로는 1793~1794년 프랑스혁명 기간 중 왕정복고를 꾀하던 왕당파들을 무자비하게 암살, 고문, 처형한 공포정치에서 유래했다고 본다.

자코뱅파를 이끌던 로베스피에르는 1793년과 1794년 2년 동안 테러리즘terrorism을 이용한 공포정치를 펼치며 반대파들을 제거하고 전체 국민을 완전히 지배했으며, 1798년 프랑스에서 발간된 사전에 terror라는 단어가 최초로 등장했다.

015

출발 ➡️

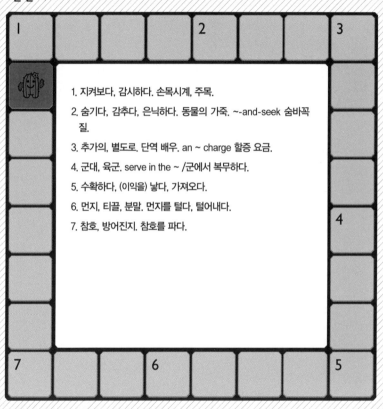

| 1 | | | 2 | | 3 |

1. 지켜보다, 감시하다. 손목시계, 주목.

2. 숨기다, 감추다, 은닉하다. 동물의 가죽. ~-and-seek 숨바꼭질.

3. 추가의, 별도로. 단역 배우. an ~ charge 할증 요금.

4. 군대, 육군. serve in the ~ /군에서 복무하다.

5. 수확하다, (이익을) 낳다, 가져오다.

6. 먼지, 티끌, 분말. 먼지를 털다, 털어내다.

7. 참호, 방어진지. 참호를 파다.

| 7 | | 6 | | 5 |

첫 글자 힌트 1. W 3. E 5. Y

015 정답

출발 ➡

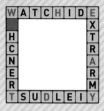

1. watch [wɑtʃ] [동] 지켜보다, 감시하다, 돌보다. | [명] 손목시계, 주목, 관찰, 감시.
A watched pot never boils.
주전자를 쳐다보고 있다고 해서 물이 (빨리) 끓는 것이 아니다.

2. hide [haid] [동] 숨기다, 감추다, (감정을) 드러내지 않다. | [명] 동물의 가죽.
You are immensely clever if you are able to hide your cleverness.
자신의 영악함을 감추는 사람이야말로 영악한 사람이다.

3. extra [ékstrə] [형] 추가의, 임의의, 별도로.

4. army [ɑ́ːrmi] [명] 군대, 육군.
An army marches on its stomach.
군대는 위장(밥심)으로 행진한다(금강산도 식후경).

5. yield [jiːld] [동] 농산물을 산출하다, 수확하다, (이익을) 낳다, 가져오다.
A tree with beautiful blossoms does not always yield the best fruit.
아름다운 꽃이 피는 나무가 꼭 좋은 열매를 맺는 것은 아니다.

6. dust [dʌst] [명] 먼지, 분말.
Write injuries in dust, benefits in marble.
상처는 모래에 기록하고, 은혜는 대리석에 새겨라.

7. trench [trentʃ] [명] 참호, 방어진지. | [동사] 참호를 파다.

WATCH 와치

'휴대용 시계', '손목시계', '(움직임을) 지켜보다', '관찰하다', '감시하다', '살펴보다'를 뜻한다. '시계'와 '살펴보다'는 어떤 상관관계가 있을까?

시계를 영어로 말할 때는 '클락clock'과 '와치watch'로 구분해야 한다. clock은 큰 시계를 가리키며, '방울'이나 '종'을 뜻하는 고대 아일랜드어 '클로카clocca'에 어원을 두고 있다. 예전에는 종소리로 시간을 알렸던 까닭에 소리 나는 시계를 clock이라고 하는 것이다.

이에 비해 watch는 '잠을 깨다'라는 뜻의 고대 영어 '와칸waccan'에 어원을 두고 있다. 아침에 잠에서 깨면 가장 먼저 몇 시인지 알아보는 습관에 바탕을 두고 있으며, 나아가 '살펴보다', '관찰하다', '지켜보다'라는 의미도 갖게 됐다.

정리하자면 clock은 대중을 상대로 하는 만큼 큰 시계를, watch는 개인을 대상으로 하는 만큼 작은 시계를 가리킨다. 또한 소리가 나는 시계는 작아도 clock이라고 한다.

HIDE 하이드

어원은 '가족이 속해 있는 장소'를 뜻하는 고대 영어 '하이드hide'이다. 가족이 있는 곳은 비교적 안전하기에 '(사람, 물건을) 숨기다', '감추다'라는 뜻이 더해졌다. 비슷한 맥락에서 숨바꼭질을 'hide-and-seek'라고 한다.

영국 작가 로버트 루이스 스티븐슨의 《지킬 박사와 하이드 씨Dr. Jekyll and Mr. Hyde》는 인간의 양면성을 다룬 소설인데, 작품에서 악한 품성을 상징하는 Hyde란 이름은 '숨기다'란 뜻의 단어 hide를 살짝 비튼 것으로 여겨진다. 철자 하나만 다를 뿐 발음이 같고, 숨겨진 무엇인가를 바로 연상시키기 때문이다.

EXTRA 엑스트라

텔레비전 드라마나 영화 장면에 행인이나 군중 따위의 단역으로 나오는 임시 고용 출연자를 일컫는다. 대부분 별다른 대사 없이 화면 한쪽에서 주연 배우들을 돋보이게 하는 역할을 한다. 전문적인 엑스트라도 많지만, 장차 주연을 꿈꾸는 배우 지망생들도 적지 않다.

영어 단어 extra는 '~의 밖'이라는 뜻의 접두어에서 나온 말이다. '(원래의 것) 이외의', '여분의', '임시로'라는 의미로 쓰이며, 잡지의 '임시 증간호'와 신문의 '호외號外'로도 쓰인다.

016

출발 ➡

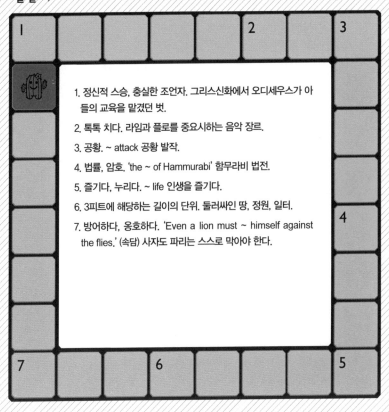

| 1 | | | | | 2 | | 3 |

1. 정신적 스승, 충실한 조언자. 그리스신화에서 오디세우스가 아들의 교육을 맡겼던 벗.

2. 톡톡 치다. 라임과 플로를 중요시하는 음악 장르.

3. 공황. ~ attack 공황 발작.

4. 법률, 암호. 'the ~ of Hammurabi' 함무라비 법전.

5. 즐기다, 누리다. ~ life 인생을 즐기다.

6. 3피트에 해당하는 길이의 단위. 둘러싸인 땅, 정원, 일터.

7. 방어하다, 옹호하다. 'Even a lion must ~ himself against the flies.' (속담) 사자도 파리는 스스로 막아야 한다.

| 7 | | | 6 | | | 5 |

첫 글자 힌트 1. M 3. P 5. E

75

016 정답

출발 ➡️

1. mentor [méntər] [명] 믿을 만한 의논 상대, 정신적 스승.

2. rap [ræp] [동] 톡톡 치다. | [명] 가볍게 두드리는 소리, 속사포처럼 빠르게 내뱉는 노래.

3. panic [pǽnik] [명] 공황, 공포, 당황.

4. code [koud] [명] 법률 집대성, 규칙, 암호.

5. enjoy [endʒɔ́i] [동] 즐기다, 누리다, 즐거운 시간을 갖다.
Every flower enjoys the air it breathes.
모든 꽃은 숨 쉴 수 있는 공기를 즐긴다.

6. yard [jɑːrd] [명] 3피트에 해당하는 길이의 단위. 둘러싸인 땅, 정원, 작업장, 일터, 물건을 두는 곳.

7. defend [difénd] [동] 방어하다, 막다, 옹호하다.
Even a lion must defend himself against the flies.
사자도 파리는 <u>스스로</u> 막아야 한다.

MENTOR 멘토

그리스신화에서 영웅 오디세우스Odysseus는 트로이전쟁에 참전하고자 길을 떠나면서 친구 멘토르Mentor에게 아들 텔레마코스Telemachos의 교육을 부탁했다. 출정한 오디세우스는 트로이군의 강력한 저항에 막혀 오랜 시간 싸워야 했지만, 거대한 목마 안에 군사를 숨기는 계략으로 마침내 그리스군의 승리를 이끌었다.

그 사이 멘토르는 10여 년 동안 텔레마코스를 잘 가르쳐 지도자의 면모를 갖추게 했다. 멘토르는 왕자의 엄격한 스승인 동시에 자상한 아버지를 대신하는 지혜로운 조언자로서 상당한 역할을 했다. 전쟁을 끝내고 돌아온 오디세우스는 훌륭하게 성장한 아들을 보고 멘토르에게 크게 고마워했다고 한다.

이후 mentor는 영어에 편입되어 '경험과 지혜가 많은 인생의 스승', '충실하고 현명한 조언자'라는 뜻으로 쓰였다. 이때의 단어는 고유명사가 아니므로 소문자로 쓰고 '멘토'라고 발음한다.

PANIC 패닉

그리스신화에서 숲, 사냥, 목축을 담당한 신인 판Pan은 상체는 사람, 하체는 염소의 모습인 반인반수半人半獸였다. 판은 어느 날 산을 내려온 요정 시링크스Syrinx를 보고 첫눈에 반해 구애했으나 시링크스는 판의 괴상한 모습에 놀라 달아났다. 시링크스는 판에게 잡히기 직전에 강물의 신인 아버지에게 부탁해 갈대로 변해버렸다. 슬픔에 잠긴 판은 갈대 줄기를 잘라 피리를 만들었고, 이후 항상 갈대 피리를 가지고 다니면서 아름다운 음악을 연주했다. 또한 판은 적을 물리칠 때는 엄청나게 큰 소리를 질러서 상대방을 공포에 떨게 하곤 했다.

이 이야기는 '팬플루트Pan flute'와 '패닉panic'이라는 말의 유래를 설명해주고 있다. 팬플루트는 '팬파이프Panpipe'라고도 하는 관악기이며, 원래 '나이Nai'라고 불리는 나일 강 갈대로 만든 인류 최초의 목관악기다.

panic은 목신 판이 내지르는 기괴한 소리라는 데 연유해 '무시무시한 공포', '당황스러운 공황 상태'라는 뜻으로 쓰이고 있다. 1929년 미국 대공황 때 주식 가격이 폭락하며 상품은 팔리지 않고 실업자는 엄청 쏟아지는 상황이 마치 숲 속에서 판의 기괴한 소리를 듣고 사람들이 갈팡질팡하는 상황과 비슷하다 해서 panic이란 말이 널리 쓰였다.

017

출발 ➡

| 1 | | | | | 2 | 3 |

1. 양산陽傘. 〈공원에서 ~을 든 여인들Lady with a ~ sitting in a Park〉(베르트 모리조 작).

2. 장시간 음반인 long-playing record의 줄임말.

3. 종이, 문서. the Lincoln ~s 링컨 자료.

4. 규칙, 법칙. 지배하다. golden ~ / 황금률.

5. 전문가, 숙련가, 어떤 분야의 권위자. 전문적인. ~ opinions 전문가 의견.

6. 장난감. 'The brain is an educational ~.' 두뇌는 교육적인 장난감이다.

7. 영국인이 경멸조로 부르는 미국인. 1901년 창단된 메이저리그 소속의 뉴욕 연고 프로 야구팀 이름은 New York ~s.

| 7 | | 6 | | | | 5 |

첫 글자 힌트 1. P 3. P 5. E

79

017 정답

출발 ➡

1. parasol [pǽrəsɔ:l] [명] 양산.

2. LP [명] 엘피판 레코드.

3. paper [péipər] [명] 종이, 서류, 문서, 시험문제, (개인이나 어떤 일에 관한) 기록.
Don't spend your paper profits. They might turn into losses.
서류상 이익에 (힘을) 낭비하지 마라. 그것은 언제든지 손해로 변할 수 있다.

4. rule [ru:l] [명] 규칙, 법칙. | [동] 지배하다.
Money rules the world.
돈이 세계를 지배한다.

5. expert [ékspə:rt] [명] 전문가, 숙련가, 어떤 분야의 권위자. | [형] 전문적인.
Expert will step in where even fools fear to tread.
바보도 안 걸려드는 함정에 고수가 빠질 수 있다(원숭이도 나무에서 떨어질 때가 있다).

6. toy [tɔi] [명] 장난감.
The brain is an educational toy.
두뇌야말로 교육적인 장난감이다.

7. Yankee [jǽŋki] [명] (영국인이 경멸조로 부르는) 미국인.
New York Yankees
뉴욕 양키스(1901년 창단된 미국 메이저리그 소속의 프로 야구팀).

PARASOL 파라솔

햇볕을 가리기 위해 쓰는 양산을 뜻한다. 해수욕장에서 세워두는 큰 양산도 parasol이라고 한다. 양산은 비를 막는 용도의 우산과 역사를 같이한다.

최초의 우산은 비가 아니라 햇볕으로부터 몸을 가리기 위한 양산이었다. '우산'을 뜻하는 영어 '엄브렐라umbrella'의 어원도 '그늘'을 의미하는 라틴어 '움브라umbra'에 있다.

양산은 3,000년 전 메소포타미아에서 제작되었고 부채의 연장선상에서 강렬한 햇볕을 막는 것이 목적이었다. 그리고 여러 세기 동안 주로 왕족과 귀족의 햇빛 가리개로 사용되었다.

양산이 대중화된 것은 근대 이후의 일이다. 19세기에 유럽 여성들이 멋을 내는 도구로 양산을 사용했고, 20세기 들어 해수욕장이 보편화되면서 대형 파라솔이 널리 퍼졌다.

PAPER 페이퍼

기원전 3000년경 고대 이집트 왕국은 자신들의 자랑스러운 역사를 기록하고자 했다. 하지만 글을 쓸 수단이 마땅치 않았다. 나무판자는 너무 무거웠고, 동물 가죽은 물량이 적었을 뿐만 아니라 만들기 번거로웠기 때문이다.

연구 끝에 갈대 줄기를 엮는 방법을 알아냈다. 갈대의 일종인 파피루스papyrus를 잘게 쪼개 가로세로로 엮은 다음 말렸더니 가벼운 종이가 된 것이다. 파피루스는 그 편리함 때문에 많은 문서를 기록하는 데 널리 쓰였고, 이웃 나라에도 전해졌다. 이 과정에서 오늘날 '종이'라는 뜻의 영어 단어 '페이퍼paper'가 생겼다.

또한 '책이나 공책의 한 면'을 의미하는 '페이지page'라는 단어도 파피루스에 어원을 두고 있다. '파피루스의 잎을 쪄서 만든 것'을 라틴어로 '파기나pagina'라고 했는데, 이 말이 프랑스어를 거쳐 영어 page가 된 것이다.

018

출발 ➡

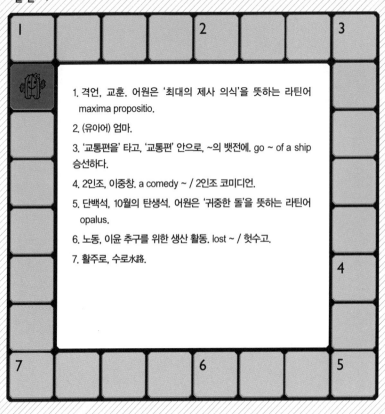

1			2			3

1. 격언, 교훈. 어원은 '최대의 제사 의식'을 뜻하는 라틴어 maxima propositio.

2. (유아어) 엄마.

3. '교통편을' 타고, '교통편' 안으로, ~의 뱃전에. go ~ of a ship 승선하다.

4. 2인조, 이중창. a comedy ~ / 2인조 코미디언.

5. 단백석, 10월의 탄생석. 어원은 '귀중한 돌'을 뜻하는 라틴어 opalus.

6. 노동, 이윤 추구를 위한 생산 활동. lost ~ / 헛수고.

7. 활주로, 수로水路.

첫 글자 힌트 1. M 3. A 5. O

018 정답

출발 ➡

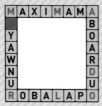

1. maxim [mǽksim] [명] 격언, 금언, 좌우명, 교훈.
Most fables offer a maxim at the end.
대부분 우화는 마지막에 교훈을 준다.

2. mama [mǽmə] [명] (유아어) 엄마.

3. aboard [əbɔ́ːrd] [부] (교통편을) 타고, (교통편) 안으로.

4. duo [dúːou] [명] 2인조, (음악) 이중창.

5. opal [óupl] [명] (광물) 단백석, (보석) 10월의 탄생석.

6. labor [léibər] [명] 노동, (이윤 추구) 생산 활동, 수고, 노고.
Learning without thought is labor lost.
생각하지 않고 배우는 것은 헛수고다.

7. runway [rʌ́nwei] [명] 활주로, 물길.
A plane that flies further need longer runway.
더 멀리 나는 비행기는 더 긴 활주로가 필요하다.

MAXIM 맥심

삶의 본보기가 될 만한 귀중한 내용을 담고 있는 '격언'이나 '명언'을 뜻하며, '최대의 제사 의식'을 뜻하는 라틴어 'maxima propositio'에서 비롯된 말이다. 성스러운 종교 의식은 신앙인들이 경건한 마음가짐을 지녀야 하는 행사인 데서 '금언金言'이란 뜻이 나온 것이다.

MAMA 마마(엄마)

엄마 뱃속에서 세상으로 나온 아이는 몇 달이 지나면 무언가 말하기 위해 소리를 낸다. 주로 '엄', '암', '음' 또는 '옴' 등이다. 그런데 어느 경우든 가만히 들어보면 모두 'ㅁ'이 들어 있음을 알 수 있다. ㅁ은 사람이 내는 가장 기초적인 발음인 까닭이다. '엄마'를 뜻하는 영어 '맘마mamma', '마마mama', 몽골어 '어머', 한국어 '엄마'에도 모두 ㅁ이 들어 있다. 일반적으로 'ㅏ' 발음이 편하기에 아기는 '마ma'를 곧잘 중얼거린다.

엄마들은 이러한 아기의 ma 발음을 자신을 부르는 것으로 생각한다. 엄마를 의미하는 세계 여러 문화권의 단어들이 비

숫한 이유가 여기에 있다.

OPAL 오팔

단백석을 가리키는 말인데, 여러 빛깔을 띠며 보석으로 쓰이기도 한다. 어원은 '귀중한 돌'이란 뜻의 라틴어 '오팔루스 opalus'이다. 독특한 색깔을 지닌 돌을 신비하게 여긴 데서 나온 이름이다.

오팔의 종류는 상당히 다양하며, 돌에 든 색에 따라 이름이 정해진다. 블랙오팔, 화이트오팔, 크리스털오팔, 워터오팔, 파이어오팔 등이 있다. 그중 블랙오팔이 가장 귀하고, 파랑·갈색·초록 등이 어둡고 불투명할수록 좋은 품질로 여겨진다.

로마 시대에 오팔은 '큐피드석'이라고 불렸으며, 희망·충성·안락·행운의 상징으로 통했다. '무지개의 화신'이라는 별명을 얻을 만큼 화려한 빛깔은 '영원히 계속되는 사랑'을 의미하기도 했다.

같은 맥락에서 오팔은 여성의 행복을 의미하는 보석으로 알려졌으며, 로마 시대부터 17세기까지는 로맨스나 영원한 사랑을 가져오는 돌로 귀하게 여겨졌다. 오늘날에는 10월의 탄생석으로 사랑받고 있다.

019

출발 ➡

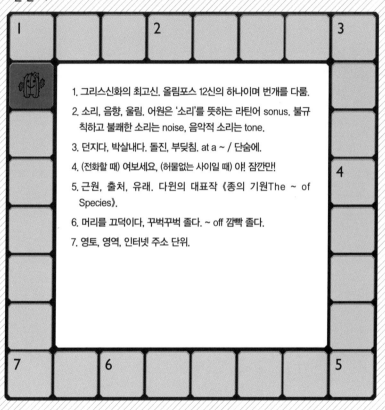

			2				3

1. 그리스신화의 최고신. 올림포스 12신의 하나이며 번개를 다룸.

2. 소리, 음향, 울림. 어원은 '소리'를 뜻하는 라틴어 sonus. 불규 칙하고 불쾌한 소리는 noise, 음악적 소리는 tone.

3. 던지다, 박살내다. 돌진, 부딪침. at a ~ / 단숨에.

4. (전화할 때) 여보세요, (허물없는 사이일 때) 야! 잠깐만!

5. 근원, 출처, 유래. 다윈의 대표작 《종의 기원The ~ of Species》.

6. 머리를 끄덕이다, 꾸벅꾸벅 졸다. ~ off 깜빡 졸다.

7. 영토, 영역, 인터넷 주소 단위.

7		6				5

첫 글자 힌트 1. Z 3. D 5. O

87

019 정답

1. Zeus [zjuːs] [명] 제우스.

2. sound [saʊnd] [명] 소리, 음향.
Laughter is the sound of the soul dancing.
웃음은 영혼이 춤추는 소리다.

3. dash [dæʃ] [동] 던지다, 박살내다, 부딪치게 하다, 돌진하다. | [명] 돌진, 부딪침.

4. hello [helóu] [감] (전화로) 여보세요, (허물없는 인사, 호칭) 야! 잠깐만!
Be the first to say 'hello'.
'안녕하세요'라고 먼저 인사하라.

5. origin [ɔːridʒin] [명] 근원, 출처, 유래.
Doubt is the origin of wisdom.
의심은 지혜의 근원이다.

6. nod [nɑd] [동] 머리를 끄덕이다, 꾸벅꾸벅 졸다.
Don't nod off during the lesson.
수업 중에 졸지 마라.

7. domain [doʊmein] [명] 영토, 영역, 인터넷 주소 단위.
A domain name is the Internet address of a website.
도메인 이름은 웹사이트의 인터넷 주소이다.

ZEUS 제우스

그리스신화에서 '제우스Zeus'는 올림포스 산 꼭대기에 앉아 전지全知의 힘으로 인간 세상을 관찰하고 통치하며, 선행엔 상을 주고 악행엔 벌을 내리는 정의의 신이다. Zeus는 그리스어로 '빛'과 '낮', '하늘', '천공天空'을 뜻한다.

천상계를 지배하는 제우스는 어느 신도 넘볼 수 없는 강력한 신으로, 구름을 모으거나 비를 내릴 수 있고 벼락도 치게 할 수 있었다. 그러나 그보다 더 강력한 힘이 있었는데, 바로 자신의 몸이나 상대의 몸을 다른 생명체로 바꾸는 능력이다. 제우스는 자신의 욕망을 이루는 수단으로 이 변신술을 사용했다. 브랜드 사치품으로 여성을 호리는 제비족처럼 말이다. 제우스는 여러 여자들과 차례로 사랑했고, 많은 자식을 낳았다.

그렇다면 고대인들에게 변신은 무엇을 상징하는 것일까? 기본적으로 변신의 모델이 되는 대상이 가진 독특한 능력에 대한 부러움과 두려움 또는 친근함의 표시였다. 인간이 아직 고도의 두뇌 능력을 발휘하지 못하던 당시에 육체적 능력을 잣대로 삼은 데서 비롯된 초능력인 셈이다.

HELLO 헬로

허물없는 사람들끼리 나누는 인사말 또는 남의 주의를 끌 때 쓰는 말이다. 전화 통화할 때도 상대를 확인하는 말로 널리 쓰이고, 발음은 약간 다르지만 유럽 전역에서 hello를 쓰고 있다. 프랑스어로 '알로Allô', 독일어로 '할로Hallo', 스페인어로 '올라Hola'라고 말한다.

hello의 어원은 여러 가지인데, 중세 프랑스어에서 유래됐다는 설이 가장 유력하다. 누군가를 부를 때 쓰는 '헤이hey'와 '거기에'라는 뜻의 '라la'를 합친 말이 철자 변화를 거쳐 hello가 됐다고 한다.

중세 영어에서는 'halloo', 'halloa', 'hellow' 등 여러 형태로 쓰였다. 셰익스피어가 활동한 시대에는 halloo를 주로 썼으며, 두 번째 음절에 악센트를 주어서 발음했다. "숲을 벗어날 때까지는 환호를 외치지 말라(안심할 수 있을 때까지는 미리 좋아하지 말라)"란 뜻의 오래된 영국 속담 "Do not halloo till you are out of the wood"에서 hello의 옛말을 확인할 수 있다.

19세기 들어서는 hullo를 많이 썼으며, 전화 발명 후 hello가 빠르게 퍼졌다. 토머스 에디슨은 전화 통화에서 가장 먼저 hello를 말한 사람으로 여겨지고 있다.

020

출발 ➡

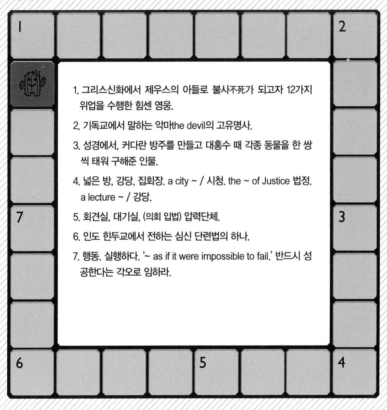

1
2
7
3
6
5
4

1. 그리스신화에서 제우스의 아들로 불사不死가 되고자 12가지 위업을 수행한 힘센 영웅.

2. 기독교에서 말하는 악마the devil의 고유명사.

3. 성경에서, 커다란 방주를 만들고 대홍수 때 각종 동물을 한 쌍씩 태워 구해준 인물.

4. 넓은 방, 강당, 집회장. a city ~ / 시청. the ~ of Justice 법정. a lecture ~ / 강당.

5. 회견실, 대기실, (의회 입법) 압력단체.

6. 인도 힌두교에서 전하는 심신 단련법의 하나.

7. 행동. 실행하다. '~ as if it were impossible to fail.' 반드시 성공한다는 각오로 임하라.

첫 글자 힌트 1. H 2. S 4. H

91

020 정답

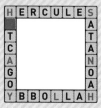

1. Hercules [hə́:rkjulì:z] [명] 헤라클레스.
Hercules' choice
헤라클레스의 선택(헤라클레스의 열두 가지 위업에 빗대어 사서 하는 고생을 가리키는 말).

2. Satan [séitən] [명] (기독교) 사탄. 악마the devil의 고유명사.

3. Noah [nóuə] [명] (기독교) 노아.
Noah's Ark
노아의 방주.

4. hall [hɔ:l] [명] 넓은 방, 강당, 집회장.
Hall of Fame
명예의 전당(위대한 업적으로 존경받아온 사람들을 기리기 위한 기념관).

5. lobby [lɑ:bi] [명] 회견실, 대기실, (의회 입법) 압력단체.

6. Yoga [joʊgə] [명] 요가.

7. act [ækt] [명] 행동, 행위. | [동] 행동하다, 실행하다.
Act as if it were impossible to fail.
반드시 성공한다는 각오로 임하라.

SATAN 사탄

히브리Hebrew 전설에 따르면, 마신魔神(재앙을 일으키는 신)이 세상에 태어난 것은 루시퍼(타락한 빛의 천사)가 주신主神 여호와의 권위에 반역한 일에서 비롯됐다고 한다. 루시퍼는 벌을 받아 여호와의 하늘에서 추방되어 지상으로 던져졌고, 신의 은총을 잃고 타락한 루시퍼는 이때부터 자신을 따르는 다른 반역 천사들을 모아 지하 세계와 지상의 온갖 사악함의 지배자가 됐다는 것이다.

히브리인은 그를 '적대자'라는 뜻의 '사탄Satan'으로 개칭했는데, 이것이 오늘날 유대인과 기독교도들이 경계 대상으로 삼는 사탄(the devil의 고유명사)이 되었다.

《신약성서》에서는 그리스어 음역인 '사타나스Satanas'가 쓰이며, 영어 번역에서는 '사탄Satan'으로 나온다. 사탄은 악한 영령들의 우두머리이며, 사람에게 들어가 마음대로 조종할 수 있다고 설명된다. 또한 이런 논리 아래 기독교 교리에 반대되는 행동을 하는 사람들을 사탄이라고 부르기도 한다.

LOBBY 로비

중세 독일에서는 나뭇잎으로 뒤덮인 정자를 '로우바louba'
라고 했는데, 이곳은 수도사들이 쉬는 휴식처였다. 영어 '로
비lobby'는 louba에 어원을 둔 단어로서, 초기에는 '나무들 사
이에 난 호젓한 길'을 뜻했고, 이후 '통로'를 의미하다가 이내
'통로를 겸한 방' 또는 '넓은 응접실'을 일컫는 말이 되었다.

하지만 '정치적 교섭'을 뜻하는 lobby는 국회國會와 관련되
어 생겼다.

국회는 국민에 의해 선출된 의원으로 조직된 입법기관을
일컫는 말이다. 다시 말해 국가 법률을 제정하고 중요한 정책
을 결정하는 최고 의사 결정 기관인 것이다. 의원들의 영향력
이 막대한 만큼 이들에게 접근해 자신에게 유리한 법률을 통
과시키려는 풍토가 일찍부터 조성됐다.

lobby는 여기에 바탕을 두고 생겼으며, 기업이나 특정한 이
익단체들이 국회에서 법이 통과되도록 하거나 아니면 법을
고치지 못하도록 하기 위해 활동하는 것을 의미한다. 또 그런
사람들은 국회의사당에서 의원들이 외부 사람과 만나는 응
접실, 즉 로비를 주요 활동 무대로 삼았기에 '로비스트lobbyist'
라고 불린다.

다시 말해 lobby는 국회의원이 원외 사람들과 만나는 방^{hall}에서, 국회의원에게 부탁하거나 압력을 넣는 사람들이라는 의미로까지 확대되었다. lobby는 동사로 쓰면 '법안 통과를 위해 의원에게 영향력을 넣다'라는 의미가 된다.

회전퍼즐
영단어
STEP 2

—

021-040

021

출발 ➡

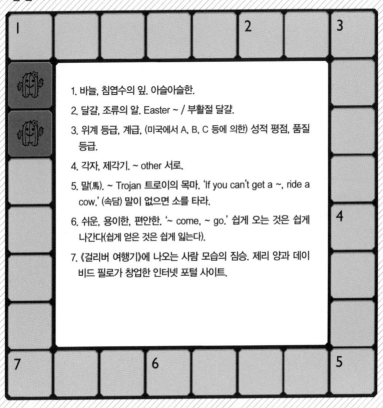

| 1 | | | | | 2 | | 3 |

1. 바늘, 침엽수의 잎. 아슬아슬한.

2. 달걀, 조류의 알. Easter ~ / 부활절 달걀.

3. 위계 등급, 계급, (미국에서 A, B, C 등에 의한) 성적 평점, 품질 등급.

4. 각자, 제각기. ~ other 서로.

5. 말(馬). ~ Trojan 트로이의 목마. 'If you can't get a ~, ride a cow.' (속담) 말이 없으면 소를 타라.

6. 쉬운, 용이한, 편안한. '~ come, ~ go.' 쉽게 오는 것은 쉽게 나간다(쉽게 얻은 것은 쉽게 잃는다).

7. 《걸리버 여행기》에 나오는 사람 모습의 짐승. 제리 양과 데이비드 필로가 창업한 인터넷 포털 사이트.

| 7 | | | 6 | | | 5 |

첫 글자 힌트 1. N 3. G 5. H

99

021 정답

출발 ⇒

N	E	E	D	L	E	G	G
							R
O							A
O							D
H							E
A							A
Y	S	A	E	S	R	O	H

1. needle [níːdl] [명] 바늘, 침엽수의 잎. | [형] 아슬아슬한.
Look for a needle in a haystack.
건초 더미에서 바늘을 찾다(가망 없는 일을 하다).

2. egg [eg] [명] 달걀, (조류의) 알.
Don't put all your eggs in one basket.
달걀을 한 바구니에 담지 마라(위험은 분산시켜라).

3. grade [greid] [명] 위계 등급, 계급, 품질 등급, (미국에서) 성적 평점.

4. each [iːtʃ] [형] 각자, 제각기.
It is the most tender part of love, each other to forgive.
사랑의 가장 온화한 모습은 서로를 용서하는 데 있다.

5. horse [hɔːrs] [명] 말(馬).
If you can't get a horse, ride a cow.
말이 없으면 소를 타라(꿩 대신 닭).

6. easy [íːzi] [형] 쉬운, 용이한, 편안한.
Easy come, easy go.
쉽게 얻는 것은 쉽게 잃는다.

7. Yahoo [jáːhuː] [명] 《걸리버 여행기》에 나오는 짐승.

100

NEEDLE 니들

'바늘', '주사', '침'을 뜻한다. 어원은 '뾰족한 침'을 의미하는 중세 영어 '니들needle'이며, '바늘'을 뜻하는 고대 그리스어 '나델nadel'과 관련되어 생긴 말이다.

바늘은 옷을 꿰매는 데 쓰이는 아주 작은 도구로, 인류가 옷을 만들기 시작한 때부터 사용해왔다. 바늘은 단지 옷을 지을 때뿐만 아니라 여러 방면에서 두루 쓰였다. 예를 들면 종기를 딸 때도 바늘을 이용했다. 고대 로마인은 바늘로 한 번에 종기를 따내면 그 종기는 금방 없어진다고 믿었다.

바늘에 실을 꿰는 것은 쉽지 않다. 바늘구멍이 워낙 작은 까닭이다. 따라서 '바늘에 실을 꿰다'란 뜻의 관용어 'thread the needle'은 '어려운 일을 해내다'란 뜻으로 쓰인다.

또한 바늘은 작은 물건이어서 떨어뜨리면 찾기가 어렵다. 더구나 건초 더미처럼 비슷한 형태가 가득한 곳으로 떨어뜨릴 경우에는 더욱 그렇다. '건초 더미에서 바늘 찾기'란 뜻의 관용어 'a needle in a haystack'이 '거의 불가능한 일'을 의미하는 이유가 여기에 있다.

EGG 에그

'알'을 뜻했으며, 인류가 닭을 키운 이후에는 '달걀'이란 뜻이 더해졌다. 어원은 '알'이라는 뜻의 고대 영어 '에그eg'이다.

예부터 알은 '생산'의 상징으로 여겨졌다. 알이 부화되어 새가 되는 시간이 비교적 짧은 데다, 새를 잡아서 알 낳기를 반복시키면 그 수를 금방 불릴 수 있었기 때문이다. 기원전 메소포타미아 사람들은 타조 알에 황금을 입혀 풍요를 기원하기도 했다.

기독교 문화권의 '이스터 에그Easter egg'도 알의 상징성과 관계되어 생긴 풍속이다. 이스터 에그는 부활절에 교회에서 나눠주는 달걀이다. 달걀은 겉으로 죽은 듯 보이지만 안에서 생명이 숨 쉬고 있기에 예수님의 부활을 상징하게 된 것이다.

HORSE 호스

'달리다'라는 뜻의 라틴어 '쿠레레currere'에 어원을 두고 있다. 고대 영어에서는 'hors'로 표기되었다.

직역하면 '죽은 말을 때리다'란 뜻의 'beat a dead horse'가 '이미 끝난 문제를 말하다', '헛수고하다'라는 의미의 관용어로 쓰이는 데서 말에 부여한 가치를 느낄 수 있다.

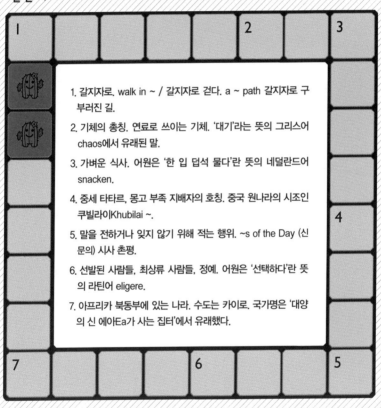

022

출발 ➡

1. 갈지자로. walk in ~ / 갈지자로 걷다. a ~ path 갈지자로 구부러진 길.

2. 기체의 총칭. 연료로 쓰이는 기체. '대기'라는 뜻의 그리스어 chaos에서 유래된 말.

3. 가벼운 식사. 어원은 '한 입 덥석 물다'란 뜻의 네덜란드어 snacken.

4. 중세 타타르, 몽고 부족 지배자의 호칭. 중국 원나라의 시조인 쿠빌라이Khubilai ~.

5. 말을 전하거나 잊지 않기 위해 적는 행위. ~s of the Day (신문의) 시사 촌평.

6. 선발된 사람들, 최상류 사람들, 정예. 어원은 '선택하다'란 뜻의 라틴어 eligere.

7. 아프리카 북동부에 있는 나라. 수도는 카이로. 국가명은 '대양의 신 에아Ea가 사는 집터'에서 유래했다.

첫 글자 힌트 1. Z 3. S 5. N

022 정답

출발 ⇒

1. **zigzag** [zigzæg] [형] 갈지자로, 지그재그로.
   The Z zigzagged along the street.
   Z는 지그재그로 거리를 걸었다.

2. **gas** [gæs] [명] 가스, 휘발유, 기체, 허풍, 유쾌함.
   Everything is gas and gaiters.
   모든 것이 괜찮다.

3. **snack** [snæk] [명] 가벼운 식사, 간식.

4. **Khan** [kɑːn] [명] 칸, 타타르, 몽골, 원나라의 지배자.

5. **note** [nout] [명] 기록, 주석, 주의. | [동] 적다, 기록하다.
   Note how words should be used.
   말을 어떻게 할지 주의하라.

6. **elite** [eilíːt] [명] 선발된 사람들, 최상류 사람들, 정예.

7. **Egypt** [íːdʒipt] [명] 이집트.

ZIGZAG 지그재그

'之(갈 지)' 자 형태를 표현한 말로, 하늘에서 내리치는 번개나 비틀거리는 걸음걸이를 나타낼 때 많이 쓴다. 어원은 '이', '톱니'를 뜻하는 프랑스어 'zag'를 중복한 말이다.

그런데 번개는 왜 지그재그로 칠까? 공기는 기본적으로 절연체여서 전류가 흐르는 것을 방해한다. 하지만 높은 전압이 가해지면 분자가 전기를 띠고 이온으로 변한다. 먹구름 속에서 내리치는 번개는 일종의 전기현상이며, 저항이 적은 곳을 찾아서 흐르기 때문에 지그재그 모양이 되는 것이다.

GAS 가스

'가스gas'는 17세기 벨기에 화학자 헬몬트가 '대기'라는 뜻의 그리스어 '카오스chaos'를 참조해 만든 말이다.

인류가 사용하는 실체적 가스의 발견은 18세기로 거슬러 올라간다. 당시 스코틀랜드의 윌리엄 머독은 어릴 때부터 석탄가스를 만들었다. 아버지의 밭 한쪽 지표면 바로 밑에 이탄泥炭이라는 질 나쁜 석탄층이 파묻힌 곳이 있었다. 윌리엄은 이것을 조금 모아서 흙 병 속에 넣었다. 흙 병에 구멍을 뚫어 그 속에 불을 피우고 흙 병 주둥이에서 나오는 연기에 불을 붙여보았다. 그 연기는 노란색 불빛을 내면서 탔다. 세계 최초로 석탄가스를 발견한 순간이었다.

어른이 된 머독은 1777년부터 증기기관을 만드는 곳에서 일했다. 석탄가스에 압력을 가하면 밝은 불꽃이 나온다는 사실을 알고 있던 머독은 작은 구멍을 뚫은 버너를 발명했고, 그의 집 뒤뜰에 세계 최초로 가스 제조 공장을 세웠다.

머독은 가스를 태우기 위해 주전자 대신 특별히 만든 철제 그릇, 오늘날의 레토르트retort를 사용했다. 이것을 벽돌로 쌓은 화덕 위에 놓았다. 가스를 집 안으로 끌어들이기 위해 창틀에 구멍을 뚫어 파이프를 연결했고, 다시 방 안 천장으로 끌어올렸다. 그릇 밑에 불을 피우면 석탄가스가 발생하는데 그 가스는 파이프를 통해 그의 방으로 보내졌다. 그렇게 보내진 석탄가스는 파이프 끝에 끼운 새로운 형태의 버너에서 탔다.

한편 우리나라에서는 자동차에 넣는 액체 연료를 오일oil이라 하는데, 정식 영어로는 gas이다. 주유소에서 말하는 기름은 가솔린Gasoline의 줄임말이기 때문이다. '액셀accelerator(자동차 가속 페달)' 또한 미국에서는 '가스 페달gas pedal'이라고 말한다.

023

출발 ➡

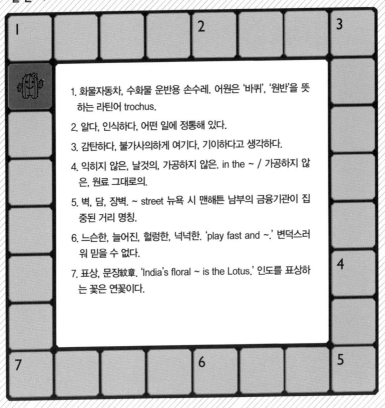

I				2		3

1. 화물자동차, 수화물 운반용 손수레. 어원은 '바퀴', '원반'을 뜻하는 라틴어 trochus.

2. 알다, 인식하다, 어떤 일에 정통해 있다.

3. 감탄하다, 불가사의하게 여기다, 기이하다고 생각하다.

4. 익히지 않은, 날것의, 가공하지 않은. in the ~ / 가공하지 않은, 원료 그대로의.

5. 벽, 담, 장벽. ~ street 뉴욕 시 맨해튼 남부의 금융기관이 집중된 거리 명칭.

6. 느슨한, 늘어진, 헐렁한, 넉넉한. 'play fast and ~.' 변덕스러워 믿을 수 없다.

7. 표상, 문장紋章. 'India's floral ~ is the Lotus.' 인도를 표상하는 꽃은 연꽃이다.

첫 글자 힌트 1. T 3. W 5. W

107

023 정답

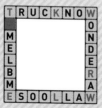

출발 ⇒

1. truck [trʌk] [명] 화물자동차, 수화물 운반용 손수레.

2. know [nou] [동] 알다, 인식하다, 어떤 일에 정통해 있다.
We know nothing of tomorrow.
내일 일은 그 누구도 모른다.

3. wonder [wʌndər] [명] 감탄, 불가사의, 경이. | [동] 감탄하다.

4. raw [rɔː] [형] 익히지 않은, 날것의, 가공하지 않은.

5. wall [wɔːl] [명] 벽, 담, 성벽, 장벽.
Wall Street is named after 'wall' in that street.
월가는 그 거리에 있던 '벽'에서 이름을 따왔다.

6. loose [luːs] [형] 느슨한, 늘어진, 헐렁한, 넉넉한.
Play fast and loose.
변덕스러워 믿을 수 없다.

7. emblem [émbləm] [명] 표상, 문장紋章.
India's floral emblem is the Lotus.
인도를 표상하는 꽃은 연꽃이다.

TRUCK 트럭

짐을 실어 나르는 화물자동차를 일컫는다. 어원은 '바퀴', '원반'을 뜻하는 라틴어 '트로추스trochus'이다.

1896년 독일의 다임러가 휘발유 엔진 트럭을 처음 만들었고, 1905년에는 미국 기술자 월터 크리스티가 사륜구동 트럭을 제작했다. 최초의 디젤엔진 트럭은 1922년 독일의 벤츠가 내놓았는데, 화물을 최대 50톤까지 실을 수 있었다.

트럭은 처음에는 그다지 주목받지 못했다. 사람들은 여전히 마차나 수레, 그리고 기차에 화물을 실어 날랐다. 그러나 전쟁이 트럭에 대한 관심을 불러일으켰다. 많은 병사와 군용 장구 및 무기 들을 전선 곳곳으로 실어 나르는 데 더없이 유용했기 때문이다. 전쟁이 끝난 후 육상의 수송 수단은 마차에서 트럭으로 바뀌었다.

WALL 월

'벽', '담'을 뜻하는 말이다. 성벽, 장벽, 돌담 등이 모두 영어로 wall이다. 건물의 벽체도 wall이라고 한다. '벽에도 귀가 있다'란 뜻의 서양 속담 'Walls have ears'는 우리나라 속담 '낮말은 새가 듣고 밤말은 쥐가 듣는다'와 같은 뜻이다.

세계적으로 널리 알려진 벽은 대문자로 쓴다. 오랫동안 베를린을 동서로 나누고 가로막았던 베를린장벽은 '더 월the Wall'이라 하고, 예루살렘에 있는 통곡의 벽은 '웨일링 월Wailing Wall'이라고 부른다. 뉴욕의 '월스트리트Wall Street' 역시 '미국의 금융계' 또는 '금융업 중심지'를 뜻하기도 한다.

월스트리트는 미국 금융업의 본산인 동시에 세계 금융의 중심지이기도 한데, 이 거리가 역사상 처음으로 나타난 시점은 미국이 태어나기 전이다. 당시는 네덜란드의 식민지로서 '뉴암스테르담'이라고 불렸다. 페터 스토이베산트라는 사람이 1653년 아메리카 원주민의 공격을 막기 위해 토석土石으로 된 성벽을 쌓았다. 이 성벽의 자취가 Wall Street이니, 거리에 둘러져 있던 wall(벽)에서 지명이 유래된 것이다.

해적으로 유명한 '캡틴 키드'도 월스트리트 56번지의 주민이었다. 당시 노예 상인들은 월스트리트 일대를 본거지로 삼았으며, 얼마 후 여기서 상품 거래가 시작되고 월스트리트는 뉴욕의 중심이 되었다. 1784년 이 거리에 뉴욕은행이 설립됐으며, 미국 초대 재무장관인 해밀턴에 의해 월스트리트는 금융업의 중심지가 되기에 이르렀다.

024

출발 ➡

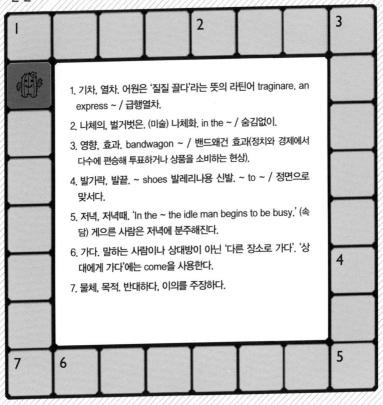

1   2   3

7   6   5   4

1. 기차, 열차. 어원은 '질질 끌다'라는 뜻의 라틴어 traginare. an
   express ~ / 급행열차.

2. 나체의, 벌거벗은. (미술) 나체화. in the ~ / 숨김없이.

3. 영향, 효과. bandwagon ~ / 밴드왜건 효과(정치와 경제에서
   다수에 편승해 투표하거나 상품을 소비하는 현상).

4. 발가락, 발끝. ~ shoes 발레리나용 신발. ~ to ~ / 정면으로
   맞서다.

5. 저녁, 저녁때. 'In the ~ the idle man begins to be busy.' (속
   담) 게으른 사람은 저녁에 분주해진다.

6. 가다. 말하는 사람이나 상대방이 아닌 '다른 장소로 가다'. '상
   대에게 가다'에는 come을 사용한다.

7. 물체, 목적. 반대하다, 이의를 주장하다.

첫 글자 힌트 1. T 3. E 5. E

024 정답

출발 ➡

```
T R A I N U D E
T           F
C           F
E           E
J           C
B           T
O G N I N E V E
```

1. train [trein] [명] 기차, 열차.
You Can't Be Neutral on a Moving Train.
《달리는 기차 위에 중립은 없다》(하워드 진Howard Zinn의 저서).

2. nude [njuːd] [형] 나체의, 벌거벗은. | [명] (미술) 나체화.

3. effect [ifékt] [명] 영향, 효과, (법률) 발효.
For every effect, there is a cause.
모든 결과에는 이유가 있다.

4. toe [tou] [명] 발가락, 발끝.

5. evening [íːvniŋ] [명] 저녁, 저녁때.
In the evening the idle man begins to be busy.
게으른 사람은 저녁에 분주해진다.

6. go [gou] [동] 가다, 계속하다, 출발하다.

7. object [ábdʒikt] [명] 물체, 대상, 동기.
Education has for its object the formation of character.
교육의 목적은 인격 형성에 있다.

TRAIN 트레인

명사로는 '기차'라는 뜻이고, 동사로는 '훈련시키다', '양성하다'라는 뜻이다. '질질 끌다'라는 뜻의 라틴어 '트라기나레 traginare'가 어원이며, 영어에서는 특정한 선을 따라서 끌어당기는 것을 train이라고 했다. 철로를 따라서 무거운 화물을 이끌어 가는 차량을 train이라 말하는 이유가 여기에 있다.

또한 훈련은 대체로 정해진 방식에 따라서 어떤 대상을 끌고 가는 일이므로 '훈련시키다'도 영어로 train이라고 말한다. 같은 맥락에서 '(운동선수를) 훈련시키고 지도하는 사람'을 '트레이너trainer'라고 부른다.

한편 기차를 발명한 인물은 사실 조지 스티븐슨이 아니다. 1804년 영국의 리처드 트레비식이 증기 힘으로 레일rail 위를 시속 8킬로미터로 달리는 최초의 증기 기차를 만들었다. 다만 사람이 탈 수 없었고, 기관사는 기차 뒤를 따라 달렸다.

실용적으로 운행 가능한 기차는 1814년 영국의 조지 스티븐슨이 발명했다. 스티븐슨은 탄광에서 항구까지 철로를 따라 기차를 운행시키는 데 성공했으며, 이를 발판으로 1823년 세계 최초의 기차 공장을 세웠다. 1824년 스톡턴-달링턴 사이에 세계 최초의 여객용 철도가 부설됨으로써 본격적인 기차 시대가 열렸다.

NUDE 누드

'벌거벗은'이라는 같은 의미를 나타낸다 해도 '네이키드 naked'와 '누드nude'는 다르다. naked는 단순히 벌거벗은 상태를 뜻하는 데 비해, nude는 알몸 상태가 보여주는 예술적 아름다움을 의미한다. 즉 nude는 어떤 목적이나 의의를 갖고 나체가 된 경우를 말하는 것이다.

실제로 nude라는 단어는 18세기 일부 미술 비평가들이 알몸의 인체는 항상 예술의 중심 주제가 되고 있다는 인식을 널리 퍼뜨리려고 만들어냈다. nude는 '나체의'라는 뜻의 라틴어 'nudus'에서 유래된 말이다.

지구상 최초의 조각상 누드모델은 그리스신화에 나오는 태양신 아폴론이다. 고대 그리스인들은 제우스 신과 레토 여신의 아들로 태어났다고 전해지는 아폴론이 이 세상에서 가장 완벽한 아름다움을 갖춘 남성이라고 믿었기 때문에 즐겨 누드모델로 삼았다.

025

출발 ➡

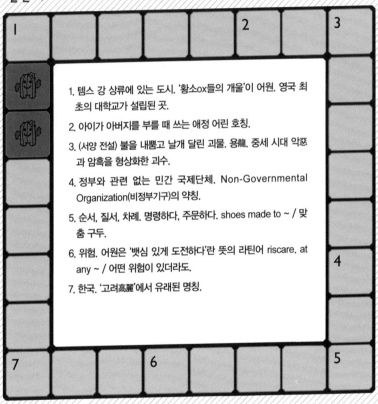

1. 템스 강 상류에 있는 도시. '황소ox들의 개울'이 어원. 영국 최초의 대학교가 설립된 곳.
2. 아이가 아버지를 부를 때 쓰는 애정 어린 호칭.
3. (서양 전설) 불을 내뿜고 날개 달린 괴물. 용龍. 중세 시대 악惡과 암흑을 형상화한 괴수.
4. 정부와 관련 없는 민간 국제단체. Non-Governmental Organization(비정부기구)의 약칭.
5. 순서, 질서, 차례. 명령하다, 주문하다. shoes made to ~ / 맞춤 구두.
6. 위험. 어원은 '뱃심 있게 도전하다'란 뜻의 라틴어 riscare. at any ~ / 어떤 위험이 있더라도.
7. 한국. '고려高麗'에서 유래된 명칭.

첫 글자 힌트 1. O 3. D 5. O

025 정답

출발 ➡

1. Oxford [ɑ́ksfərd] [명] 옥스퍼드.

2. dad [dæd] [명] 아빠.

3. dragon [drǽgən] [명] 용龍, 마왕.

4. NGO 민간 국제단체. Non-Governmental Organization(비정부기구)의 약칭.

5. order [ɔ́ːrdər] [명] 순서, 차례, 질서, 주문. | [동] 명령하다, 주문하다.
  Do your best efforts in order to try to keep abreast of others.
  남들과 어깨를 견주기 위해 최선을 다하라.

6. risk [risk] [명] 위험, 위기, 우려.
  High Risk, High Return.
  위험이 커야 그만큼 수익도 커진다(호랑이를 잡으려면 호랑이 굴에 들어가야 한다).

7. Korea [kəríːə] [명] 한국.
  The sovereignty of the Republic of Korea shall reside in the people.
  대한민국의 주권은 국민에게 있다.

OXFORD 옥스퍼드

'옥스퍼드Oxford'는 런던 북서쪽 80킬로미터, 템스 강 상류에 위치해 있는 곳이며, 'Ox(소)'와 'ford(개울)'가 합쳐진 단어로 '소들의 개울'이란 뜻이다.

이곳은 예전부터 양털로 유명했다. 뿔이 없고 큰 몸집에 흰털로 뒤덮인 옥스퍼드Oxford 품종이 널리 알려질 정도였다. 그런데 12세기 말엽 영국 학자들이 옥스퍼드에 모여들어 13세기에 칼리지college를 세우면서 대학 도시로 변모했다.

오늘날 옥스퍼드는 케임브리지Cambridge와 더불어 영국에서 가장 오랜 역사를 지닌 명문 대학 도시로 유명하다.

DRAGON 드래곤

흔히 '용龍'이라고 번역하지만, 사실은 용과 전혀 성격이 다른 괴물이다. 동양의 용은 착한 사람을 지켜주면서 필요할 때마다 비를 내려주는 좋은 동물인 반면에, 서양의 드래곤은 불을 내뿜어 파괴를 일삼는 나쁜 동물이다.

또한 동양의 용은 신 같은 존재로 날개 없이 자유롭게 하늘을 날고 물속에서도 오랫동안 지낼 수 있지만, 서양의 드래곤은 중세 시대에 신의 은총을 박해하는 악惡과 암흑을 형상화한 괴수에 지나지 않는다. 중세 때 기사騎士가 날개 달린 드래곤을 창으로 찔러 죽이는 모습을 신앙의 승리로 묘사한 그림이 많은 이유도 여기에 있다.

KOREA 코리아

우리나라가 국제무역을 본격화한 때는 고려 시대부터였다. 이때 고려는 인삼으로 금세 유명해졌다. 질병 치료 효과가 뛰어난 데다 허약한 몸을 건강하게 만드는 효과 또한 대단했기 때문이다. 중국에서도 인삼을 길렀지만 자연환경이 다른 탓인지 고려에서 기른 인삼보다 못했기에, 고려 인삼은 수출되기 무섭게 금방 동이 났다.

'고려'라는 이름은 외국인이 발음하기 매우 어려웠다. 《동방견문록》을 쓴 마르코 폴로는 '고려'를 가리키는 중국어 '까올리Gaoli'와 비슷한 '카울리Cauly'라고 기록하는가 하면, 아랍이나 유럽 상인들은 '꼬레' 또는 '꼬리아'라고 발음했다.

현재 정식 명칭은 '더 리퍼블릭 오브 코리아The Republic of Korea'인데, 그대로 풀이하면 '고려공화국'이지만, 공식 표현은 '대한민주주의공화국'이다.

026

출발 ➡

| I | | | | 2 | | | 3 |

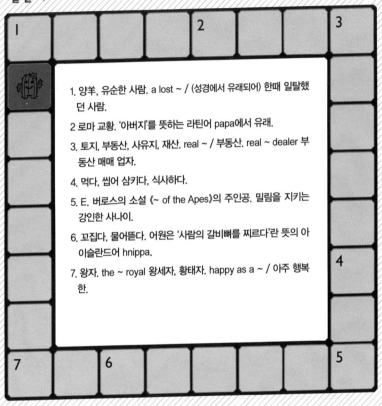

1. 양羊, 유순한 사람. a lost ~ / (성경에서 유래되어) 한때 일탈했던 사람.

2 로마 교황. '아버지'를 뜻하는 라틴어 papa에서 유래.

3. 토지, 부동산, 사유지, 재산. real ~ / 부동산. real ~ dealer 부동산 매매 업자.

4. 먹다, 씹어 삼키다, 식사하다.

5. E. 버로스의 소설 《~ of the Apes》의 주인공. 밀림을 지키는 강인한 사나이.

6. 꼬집다, 물어뜯다. 어원은 '사람의 갈비뼈를 찌르다'란 뜻의 아이슬란드어 hnippa.

7. 왕자. the ~ royal 왕세자, 황태자. happy as a ~ / 아주 행복한.

| 7 | | 6 | | | | 5 |

첫 글자 힌트 1. S 3. E 5. T

119

026 정답

출발 ➡

1. sheep [ʃi:p] [명] 양羊, 유순한 사람.
Setting the wolf to guard the sheep.
늑대에게 양을 지키라고 시킨다(고양이에게 생선을 맡기는 격).

2. pope [poup] [명] 로마 교황, 학식이 많은 스승.

3. estate [istéit] [명] 토지, 부동산, 재산, 어떤 시기.
Deceive not thyself by over expecting happiness in the married estate.
결혼 생활에서 과도한 기대로 스스로를 기만하지 마라.

4. eat [i:t] [동] 먹다, 씹어 삼키다, 식사하다.
Eat to live, and not live to eat.
살기 위해서 먹고, 먹기 위해서 살지 말라.

5. Tarzan [tá:rzæn] [명] 타잔.

6. nip [nip] [동] 꼬집다, 물어뜯다, 해치다, 살을 에다.

7. prince [prins] [명] 왕자, 세자, 태자.
You have to kiss a lot of toads before you find a handsome prince.
수많은 두꺼비에게 키스를 해봐야 멋진 왕자를 만날 수 있다.

SHEEP 쉽

'양羊'을 뜻하는 현대 영어 'sheep'의 어원은 고대 영어 '쉬에프sceap'이다. 양은 기원전 5000년경부터 가축화가 시작된 동물이다. 사람이 양의 젖을 짜서 먹고, 양털로 털옷을 만들어 입고, 고기도 먹기 위해서였다. 양은 무리 지어 사는 데다 성질이 온순해서 가둬 기르기도 쉬웠다.

양털은 기본적으로 흰색이라 다른 색깔로 염색하기에도 편리하다. 그러하기에 하얗지 않은 양털은 값어치가 떨어진다. 특히 검은색 양털은 더 그렇다. 그래서 양치기에게 손해를 주는 '검은색 양black sheep'은 '무리에 피해를 주는 말썽꾸러기'라는 뜻으로 쓰이게 되었다. 예컨대 'the black sheep of the family'는 '가문의 수치' 또는 '집안의 골칫덩어리'라는 뜻의 관용어다.

sheep에서 파생된 단어도 있다. '양치기'를 이르는 '셰퍼드shepherd'는 중세 영어 'shep'에 '무리', '떼', '지킴이'를 뜻하는 'herd'를 합친 말이다. '양을 지키는 사람'이란 의미의 shepherd는 기독교에서 '성직자'를 뜻하기도 한다. 《성경》에서 인간과 신의 관계를 양과 양치기로 묘사한 데서 비롯된 말이다. 관용어 'a lost sheep'은 ('길 잃은 양'이라는 뜻에서) 정도正道에서 한때 벗어났던 사람을 일컫는 말로 쓰이고 있다.

PRINCE 프린스

'왕자'를 뜻하며, 어원은 '최초에 차지하는 자', '제1인자'란 의미의 라틴어 '프린켑스princeps'이다.

본래 프린켑스는 로마공화정 때 '제1의 시민', 즉 '원로원의 으뜸 실력자'를 가리키는 칭호였는데, 아우구스투스가 로마 초대 황제로 등극하면서 '황제' 대신 스스로를 프린켑스라고 칭했다. 아우구스투스는 사실상 공화정 과두 체제를 일인 치하의 독재 통치로 바꾸었지만, 칭호만큼은 마치 공화정의 후계자인 양 나타낸 것이다.

이후 프린켑스는 디오클레티아누스에 이르기까지 역대 황제들의 비공식적인 칭호로 쓰였으며, '군주'라는 뜻으로 통했다. 디오클레티아누스 이후에는 프린켑스 대신 '소유자'라는 뜻의 '도미누스dominus'라는 지배자 칭호가 사용됐다.

027

출발 ➡

| 1 | | | | | 2 | 3 |

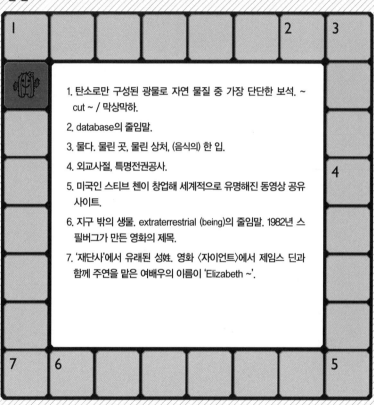

1. 탄소로만 구성된 광물로 자연 물질 중 가장 단단한 보석. ~ cut ~ / 막상막하.

2. database의 줄임말.

3. 물다. 물린 곳, 물린 상처, (음식의) 한 입.

4. 외교사절, 특명전권공사.

5. 미국인 스티브 첸이 창업해 세계적으로 유명해진 동영상 공유 사이트.

6. 지구 밖의 생물. extraterrestrial (being)의 줄임말. 1982년 스필버그가 만든 영화의 제목.

7. '재단사'에서 유래된 성姓. 영화 〈자이언트〉에서 제임스 딘과 함께 주연을 맡은 여배우의 이름이 'Elizabeth ~'.

| 7 | 6 | | | | | 5 |

첫 글자 힌트 1. D 3. B 5. Y

027 정답

1. diamond [dáiəmənd] [명] 다이아몬드.

2. DB (컴퓨터) 데이터베이스database의 줄임말.

3. bite [bait] [동] 물다, 물어뜯다, 깨물다. | [명] 물린 곳, 물린 상처, (음식의) 한 입.
  Barking dogs seldom bite.
  짖는 개는 물지 않는다.

4. envoy [énvɔi] [명] 외교사절, 특명전권공사.
  Hulbert was a foreign secret envoy to the Hague.
  헐버트는 헤이그에 외국인 밀사로 파견됐다.

5. YouTube [명] 오늘날 세계 최대 규모의 동영상 공유 사이트.

6. E.T. [명] 지구 밖의 생물, 외계인. extraterrestrial (being)의 줄임말.

7. Taylor [teilə] [명] 재단사tailor에서 유래된 성姓.

DIAMOND 다이아몬드

그리스어 '아다마스adamas'에서 유래된 말로, '정복되지 않는 것', '절대로 깎이지 않는 것'이란 뜻이다.

기원전 수백 년경 다이아몬드가 처음 발견된 인도에서는 다이아몬드의 아름다움보다도 그 단단함이 더 귀중하게 여겨졌다. 이 보석을 '금강석金剛石'이라고도 불렀는데, 인도 불경에 전하기를 "금강金剛의 단단함이 대단해 무엇으로도 부술 수 없으며 또 무엇이라도 부술 수 있다"고 했다.

다이아몬드는 처음에 유리를 자르는 데 사용됐으나, 뜨거운 불에도 끄떡없고 단단한 무쇠보다도 강해서 이윽고 무적의 상징으로 대접받았다. 결코 정복하거나 꺾을 수 없는 힘을 경외해 왕과 무사들은 전쟁에 나아갈 때 다이아몬드를 몸에 지녔다고 한다.

15세기에 이르러 왕이나 여왕의 결혼에는 반드시 다이아몬드 반지가 등장했는데, 다이아몬드만이 지니는 무적의 힘과 반지의 둥근 모양이 조화를 이뤄 완벽한 결혼을 나타내는 상징물이 된 것이다.

다이아몬드가 처음 채굴됐을 때는 빛이 흐릿해서 보석으로 여겨지지 않았다. 그러나 갈고 닦자 그 어떤 보석보다도 강렬한 빛을 냈다. 그래서 'a diamond in the rough'라는 말은 '재능은 있지만 다듬지 않은 인물'이라는 의미로 쓰이고 있다.

오늘날 다이아몬드는 흔히 말하는 4C, 즉 네 가지 특징적 요소로 그 가치를 평가받는다. 4C란 Cut(연마), Color(색상), Clarity(투명도), Carat(중량)을 일컫는다. 간단히 풀이하자면 굴절도가 뛰어나고, 무색無色이며, 불순물이 적고, 큰 것을 으뜸 상품으로 친다는 얘기다.

028

출발 ➡

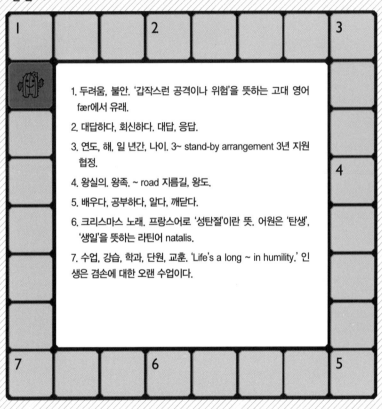

1. 두려움, 불안. '갑작스런 공격이나 위험'을 뜻하는 고대 영어 fær에서 유래.

2. 대답하다, 회신하다. 대답, 응답.

3. 연도, 해, 일 년간, 나이. 3~ stand-by arrangement 3년 지원 협정.

4. 왕실의. 왕족. ~ road 지름길, 왕도.

5. 배우다, 공부하다, 알다, 깨닫다.

6. 크리스마스 노래. 프랑스어로 '성탄절'이란 뜻. 어원은 '탄생', '생일'을 뜻하는 라틴어 natalis.

7. 수업, 강습, 학과, 단원, 교훈. 'Life's a long ~ in humility.' 인생은 겸손에 대한 오랜 수업이다.

첫 글자 힌트 1. F 3. Y 5. L

127

028 정답

출발 ⇒

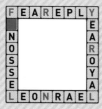

1. fear [fiər] [명] 두려움, 불안, 공포. | [동] 두려워하다, 염려하다, 망설이다.
They that know nothing fear nothing.
아는 것이 없으면 두려움도 없다.

2. reply [riplái] [동] 대답하다, 회신하다. | [명] 대답, 응답.

3. year [jiər] [명] 연도, 해, 나이.

4. royal [rɔiəl] [형] 왕실의, 칙허를 받은. | [명] 황족, 왕족.
There is no royal road to leaning.
배움에 왕도는 없다(꾸준함이 비결이다).

5. learn [ləːrn] [동] 배우다, 공부하다, 알다, 깨닫다.
You're never too old to learn.
배우기에 너무 늦은 나이는 없다.

6. Noel [nóuəl] [명] 성탄절 축가.

7. lesson [lésn] [명] 수업, 강습, 학과, 단원, 교훈.
Life's a long lesson in humility.
인생은 겸손에 대한 오랜 수업이다.

FEAR 피어

'두려움', '공포'를 뜻하며, '갑작스런 공격이나 위험'을 의미하는 고대 영어 '패어fær'가 어원이다. 뜻하지 않은 재난이나 높은 곳에서 느끼는 공포감, 고통에 대한 두려움 따위가 곧 fear인 것이다. '바보는 천사들이 두려워 밟지 못한 곳으로 뛰어든다'라는 뜻의 영어 속담 'Fools rush in where angels fear to tread'에서 fear의 뜻을 확실히 알 수 있다. '하룻강아지 범 무서운 줄 모른다'란 의미의 우리 속담과 같은 말로, fear는 곧 어떤 대상에 대한 두려움을 나타낸다.

LEARN 런

'생각하다', '배우다'란 의미의 고대 영어 '레오니안leornian'에 어원을 두고 있다. 뭔가 읽고 생각해 익히는 것이 곧 learn인 것이다. 아무 생각 없이 그저 시간을 보내고자 책을 읽는 것은 learn이 아니다. 지식을 습득하고자 하는 목적의식을 갖고 배우고 익히는 것이 learn이다.

다만 이때의 배움은 누군가의 도움을 통한 학습을 의미한다. 다시 말해 learn은 '스터디study'에 비해 수동적인 표현이다. 즉 (누군가의 지도를 받는) 연습이나 수업으로 배우는 수동적 과정이 learn인 것이다. 'learn to drive(운전을 배우다)', 'learn how to swim(수영을 배우다)'의 경우처럼 강사의 지도를 받는 연습, 또는 'learn 10words a day(하루에 단어 10개를 암기하다)'처럼 반복적으로 익히는 학습이 learn이다.

영어 속담 'As the old cock crows, the young cock learn'은 '늙은 수탉이 울면 젊은 수탉이 배운다'는 뜻으로, 우리의 '서당 개 3년이면 풍월을 읊는다'와 같은 의미다.

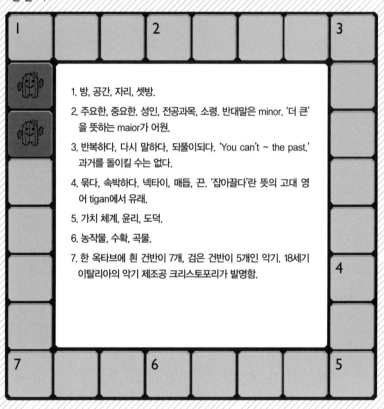

029

출발 ➡

1			2				3

1. 방, 공간, 자리, 셋방.

2. 주요한, 중요한. 성인, 전공과목, 소령. 반대말은 minor. '더 큰'
   을 뜻하는 maior가 어원.

3. 반복하다, 다시 말하다, 되풀이되다. 'You can't ~ the past.'
   과거를 돌이킬 수는 없다.

4. 묶다, 속박하다. 넥타이, 매듭, 끈. '잡아끌다'란 뜻의 고대 영
   어 tigan에서 유래.

5. 가치 체계, 윤리, 도덕.

6. 농작물, 수확, 곡물.

7. 한 옥타브에 흰 건반이 7개, 검은 건반이 5개인 악기. 18세기
   이탈리아의 악기 제조공 크리스토포리가 발명함.

7		6				5

첫 글자 힌트 1. R 3. R 5. E

131

029 정답

출발 ➡

1. room [ruːm] [명] 방, 공간, 자리, 셋방.

2. major [méidʒər] [형] 주요한, 중요한. | [명] 법률상 성인, (미국) 전공과목, 육군 소령.
Women in love forgive major indiscretions more readily than minor infidelities.
사랑에 빠진 여자는 사소한 배신보다 심각한 무례를 쉽게 잊는다.

3. repeat [ripíːt] [동] 반복하다, 다시 말하다, 되풀이되다.
You can't repeat the past.
과거를 돌이킬 수는 없다.

4. tie [tai] [동] 묶다, 붙잡아 매다, 속박하다. | [명] 넥타이, 매듭, 끈.
Do not be in a hurry to tie what you cannot untie.
네가 풀 수 없는 것을 풀려고 서두르지 마라.

5. ethic [éθik] [명] 가치 체계, 윤리, 도덕.
He who defines his conduct by ethics imprisons his song-bird in a cage.
윤리 규범으로 자기 행위를 억제하는 사람은 새장에 갇혀 노래하는 새와 같다.

6. crop [krɑp] [명] 농작물, 수확, 곡식, 곡물.

7. piano [piǽnou] [명] 피아노. (악보 용어) 여리게 연주.

MAJOR 메이저

'위대한'이란 뜻의 라틴어 '마그누스magnus'의 비교급이 어원이다. '법률상 성년', '육군 소령', '(대학의) 전공과목', '규모가 큰 것' 등 다양한 뜻으로 쓰이고 있다.

미국 스포츠계에서 '메이저리그Major League'는 프로스포츠에서 가장 높은 수준의 리그를 뜻한다. '메이저리그 베이스볼Major League Baseball'과 '메이저리그 사커Major League Soccer'가 대표적이다.

한편 영국이나 미국의 대부분 주에서는 18세 이상이 성년으로 여겨진다. 하지만 미국에서 음주가 허용되는 연령은 주로 21세 이상이다. 술이 두뇌에 끼치는 여러 영향을 고려해 정신적 성년과 육체적으로 음주 가능한 성년을 구분하는 것이다.

TIE 타이

'잡아끌다'란 뜻의 고대 영어 '티간tigan'에서 유래된 말이다. 끈을 잡아끌면 묶인 물체가 조이게 되므로 '묶다', '붙잡아 매다'란 뜻을 지니게 되었다. 같은 맥락에서 신발 끈을 꽉 조이거나 밧줄로 꽁꽁 둘러매는 것도 tie라고 한다. 의복의 하나로 목에 두르는 천을 넥타이necktie나 tie라고 하는 이유도 여기에 있다.

tie와 관련된 재미있는 관용어도 있다. '결혼하다'란 의미의 'to tie the knot'가 그것이다. 직역하면 '매듭을 묶음'이란 말이 어째서 '결혼'을 의미할까? 그 까닭은 옛날 침대 구조와 관련이 있다. 예전에 유럽의 침대는 침대 틀에 매트리스를 줄로 고정시키는 형태였다. 따라서 결혼한 부부는 새 침대를 구입해서 침대 틀에 매트리스를 줄로 묶어야 했다. 줄을 확실히 묶고 매듭을 지으면 편안한 마음으로 잠자리를 가질 수 있었다. 그래서 'to tie the knot'라는 말이 '결혼하다'란 뜻을 갖게 됐다.

030

출발 ➡

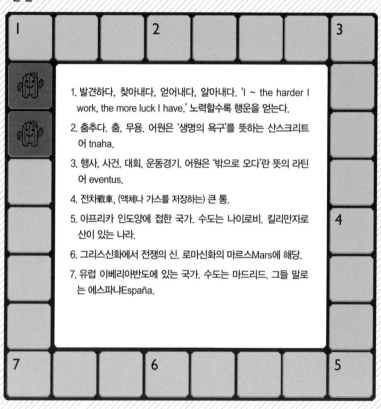

	1		2				3

1. 발견하다, 찾아내다, 얻어내다, 알아내다. 'I ~ the harder I work, the more luck I have.' 노력할수록 행운을 얻는다.

2. 춤추다. 춤, 무용. 어원은 '생명의 욕구'를 뜻하는 산스크리트어 tnaha.

3. 행사, 사건, 대회, 운동경기. 어원은 '밖으로 오다'란 뜻의 라틴어 eventus.

4. 전차戰車, (액체나 가스를 저장하는) 큰 통.

5. 아프리카 인도양에 접한 국가. 수도는 나이로비. 킬리만자로산이 있는 나라.

6. 그리스신화에서 전쟁의 신. 로마신화의 마르스Mars에 해당.

7. 유럽 이베리아반도에 있는 국가. 수도는 마드리드. 그들 말로는 에스파냐España.

첫 글자 힌트 1. F 3. E 5. K

030 정답

출발 ➡

F	I	N	D	A	N	C	E
						V
						E
N						N
I						T
A						A
P						N
S	E	R	A	Y	N	E	K

1. find [faind] [동] 발견하다, 찾아내다, 얻어내다, 알아내다.
I find the harder I work, the more luck I have.
노력할수록 행운을 얻는다.

2. dance [dæns] [동] 춤추다. | [명] 춤, 무용.
All are not merry that dance lightly.
경쾌하게 춤춘다고 해서 다 즐거운 것은 아니다.

3. event [ivént] [명] 행사, 사건, 대회, 운동경기.
Coming events cast their shadows before.
일이 생기기 전에는 조짐이 있기 마련이다.

4. tank [tæŋk] [명] 수조, 전차, (액체나 가스를 저장하는) 큰 통.

5. Kenya [kénjə] [명] 케냐.

6. Ares [ɛ́əri:z] [명] (그리스신화) 전쟁의 신 아레스.

7. Spain [spein] [명] 스페인.

TANK 탱크

기계 동력으로 움직이는 '탱크tank'는 20세기 들어 등장했다. 제1차 세계대전이 한창이던 1916년 9월, 교착 상태에 놓여 있던 유럽 서부전선에 탱크가 처음 선을 보였다. 철판으로 방어할 수 있고 캐터필러로 주행할 수 있는 무적의 차량이 출현한 것이다. 세계 최초의 탱크인 영국의 마크 1MK.1은 대포와 기관총을 장착하고 있었다. 그런데 프랑스와 독일도 당시 공업기술적으로 영국과 비슷한 수준에 있었기에 얼마 지나지 않아 이와 유사한 탱크를 만들어냈다. 근래의 탱크는 360도 완전 회전할 수 있는 포탑에 주포主砲를 탑재하고 보조화기를 장치하는 형태로 기본 스타일이 확립되었다.

일반적으로 말하는 탱크는 군사 용어로 '메인 배틀 탱크 main battle tank', 우리말로는 '주력전투전차' 또는 '주력전차'라고 불린다. 간단히 tank라고도 하는데, 이 말은 영국군이 전차를 전쟁터로 보낼 때 비밀을 유지하려고 포장에 '러시아로 가는 물탱크'라고 표기한 데서 연유한다.

영어 tank는 '(액체, 가스 등을 저장하는) 큰 통'이란 뜻 이외

에 '저수지'란 뜻도 있어 '자원을 담은 큰 통'이라는 비유어로
도 쓰인다. '연구 조직'이나 '두뇌 집단'을 의미하는 '싱크탱
크think tank'가 그 대표적인 예다.

SPAIN 스페인

이베리아반도에는 토끼가 무척 많았다. 고대 페니키아 사
람 일부가 정착해 살았을 때 곡물을 심으면 토끼가 해치기 일
쑤였다. 그래서 그들의 대화에서는 '사판shapan'이란 말이 끊
이지 않았다. shapan은 페니키아어로 '토끼'라는 뜻이며, 여기
서 '토끼가 많은 땅'이라는 뜻의 '에스파냐España'가 생겼다.

로마제국은 그 땅을 '히스파니아Hispania'라고 불렀고, 이 말
이 영어 '스페인Spain'이 됐다. 그리고 영국이 대영제국의 위세
를 떨칠 즈음 영어 이름인 스페인이 세계적으로 널리 퍼졌다.

현지인은 자신들의 나라를 '에스파냐'라고 부르며, 이곳이
원산지인 사물에도 에스파냐를 붙여 사용한다. 예를 들어 새
를 사냥할 때 데리고 다니는 흰 털 개를 '스패니얼spaniel'이라
고 부르는데, 이 말은 '스페인 개Spanish dog'라는 뜻이다.

한편 에스파냐와 포르투갈을 포함한 반도를 '이베리아
Iberia'라고 하는데, 이 이름은 에스파냐 동부를 흐르는 에브로
Ebro 강에서 유래했다.

031

출발 ➡

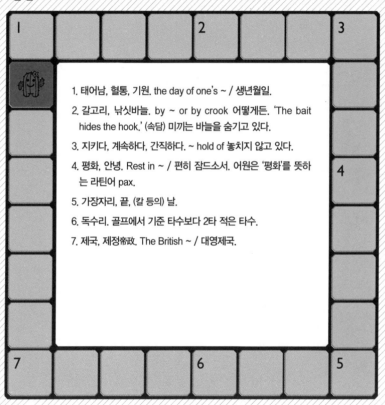

| I | | | | 2 | | | 3 |

1. 태어남, 혈통, 기원. the day of one's ~ / 생년월일.

2. 갈고리, 낚싯바늘. by ~ or by crook 어떻게든. 'The bait hides the hook.' (속담) 미끼는 바늘을 숨기고 있다.

3. 지키다, 계속하다, 간직하다. ~ hold of 놓치지 않고 있다.

4. 평화, 안녕. Rest in ~ / 편히 잠드소서. 어원은 '평화'를 뜻하는 라틴어 pax.

5. 가장자리, 끝, (칼 등의) 날.

6. 독수리. 골프에서 기준 타수보다 2타 적은 타수.

7. 제국, 제정帝政. The British ~ / 대영제국.

| 7 | | | | 6 | | | 5 |

031 정답

출발 ➡

1. birth [bəːrθ] [명] 탄생, 출생, 태어남, 출산.
Life is C(choice) between B(birth) and D(death).
인생이란 B(삶)와 D(죽음) 사이에 놓인 C(선택)이다.

2. hook [huk] [명] 갈고리, (물건을 거는) 고리.
The bait hides the hook.
미끼는 바늘을 숨기고 있다.

3. keep [kiːp] [동] 지키다, 유지하다, 간직하다.
When money speaks, the truth keeps silent.
돈이 말할 때 진실은 입을 다문다.

4. peace [piːs] [명] 평화, 화해.
Desire peace, prepare for war.
평화를 원한다면, 전쟁에 대비하라.

5. edge [edʒ] [명] 가장자리, 끝, 모서리.

6. eagle [íːgəl] [명] 수리, 대머리수리.
The bald eagle is native to North America.
대머리수리는 북미가 원산이다.

7. empire [émpaiər] [명] 제국, 왕국.

BIRTH 버스

영어 문화권에서는 '어딘가에서 날라져 왔다'는 뜻으로 '버스birth'라고 한다. birth는 '나르다'라는 의미의 고대 영어 '베란beran'에 어원을 두고 있다.

아이가 출생 과정에 대해 물어올 때 서양의 부모들은 "황새가 물어서 날라다 주었단다"라고 대답한다. 왜 출생에 '황새'가 등장할까? 그것은 북유럽의 문화 정서와 관계가 있다.

고대 영어 beran은 스칸디나비아어에서 유래했는데, 북유럽 전설에 따르면 창조의 바다에서 떠다니는 태아를 황새가 발견해 사람에게 전해주었다고 한다. 또한 황새는 봄이 다가옴을 알려주는 길조로서 생명의 소생(거의 죽어가던 상태에서 다시 살아남)을 상징하기도 한다.

PEACE 피스

어원은 '평화'를 뜻하는 라틴어 '팍스pax'로, pax에 명사격 어미 'em'이 붙은 '팍셈pacem'이 고대 프랑스어를 거쳐 영어로 전해진 것이다.

무지개 색 바탕에 흰 글씨로 'PACE'라고 쓰인 '평화의 깃발Peace flag'에서, 이탈리아어로 '평화'를 뜻하는 PACE의 어원 역시 pax이다. 평화의 깃발은 1961년 9월 이탈리아의 평화 행진에서 처음 보였으며, 당시에는 파블로 피카소의 작품 속 비둘기를 넣었으나 나중에 PACE라는 글자로 바꾸었다.

라틴어 pax는 '묶어놓음'이라는 뜻과 통한다. '묶음으로써 안정된 결합 상태'가 peace이다. 다시 말해 서로 합의해 안정을 이룬 모습이 peace인 것이다. 그러하기에 peace는 '협약'과 '조화'라는 뜻도 지니고 있다.

또한 라틴어 pax는 어느 한쪽의 우월한 지배에 따른 평화를 의미하기도 한다. '팍스로마나Pax Romana'는 기원전 1세기 말에 아우구스투스가 내란을 수습하고 제정을 수립한 때부터 약 200년간 지속된 로마의 평화를 일컫는 말인데, 여기서 평화는 곧 로마의 강한 군사력과 통제력에 바탕을 두고 있다. 로마의 강한 힘이 지중해 전역을 지배한 덕분에 평화로운 시기를 보냈다는 뜻이다. 그러므로 '팍스로마나'는 '로마의 평화'라기보다 '로마에 의한 평화'라고 봄이 타당하다.

같은 맥락에서 20세기 들어 생긴 표현 '팍스아메리카나Pax Americana'도 강대국이 된 '미국에 의한 평화'를 의미한다.

출발 ➡

1. 그리스신화에서 지혜, 풍요, 공예, 전술의 여신. 로마신화의 미네르바Minerva에 해당한다.

2. 초보, 원칙. 'It's as simple as ~.' 그건 매우 간단한 일이다. 한글로 치자면 '가나다'.

3. (등받이가 있는 1인용) 의자. ~man 의장, 회장.

4. 길, 도로, 길거리. the Silk ~ / 비단길.

5. 그리스신화에서 포도주, 연극, 다산多産을 담당하는 신. 로마신화의 바쿠스Bacchus에 해당.

6. 태양, 해. 햇볕을 쬐다. 'Yellow is associated with ~.' 노랑은 태양을 연상시킨다.

7. 아프리카 동북부를 지나 이집트를 거쳐 지중해로 흘러 들어가는 긴 강. 어원은 '강'이란 뜻의 고대 셈어 nahal.

첫 글자 힌트 1. A 3. C 5. D

032 정답

1. Athena [əθíːnə] [명] (그리스신화) 지혜, 풍요, 공예, 전술의 여신 아테나.

2. abc [명] 가나다, 초보, 원칙.

3. chair [tʃɛər] [명] (등받이가 있는 1인용) 의자.
America is a large, friendly dog in a very small room. Every time it wags its tail it knocks over a chair.
미국은 아주 작은 방 안에 있는 크고 다정한 개 같아 꼬리를 흔들 때마다 의자를 넘어뜨린다.

4. road [roud] [명] 길, 도로, 길거리.
All roads lead to Rome.
모든 길은 로마로 통한다(방법이 달라도 목적은 같다).

5. Dionysus [dàiənáisəs] [명] (그리스신화) 술과 연극, 다산의 신 디오니소스.

6. sun [sʌn] [명] 해, 햇빛.
Make hay while the sun shines.
해가 날 때 풀을 말려라.

7. Nile [nail] [명] 나일 강.

ATHENA 아테나

그리스신화에 나오는 도시의 수호신이자 전쟁, 공예, 실천적 이성을 상징하는 여신이다. 아테나는 그리스의 영웅들 편에 서서 사기를 높이고 싸움을 도왔는데, 아테나의 도움이란 곧 군사적 용맹성을 의미했다. 오늘날의 그리스 수도 아테네 Athens는 아테나 여신을 숭배한 정서에서 나온 지명이다.

CHAIR 체어

'의자'를 뜻하며, '앉는 것'을 의미하는 라틴어 '카테드라 cathedra'에서 유래됐다. 지금이야 의자에 앉는 것이 별일 아니지만 고대 세계에서는 그렇지 않았다.

권좌權座, 왕좌王座라는 말에서 느낄 수 있듯 의자는 권력의 상징이었다. 고대 이집트부터 만들어진 의자는 18세기까지도 왕실 귀족과 상류층의 전유물로 여겨졌다. 오늘날 서양에서 주도적인 지위에 있는 사람, 즉 '의장', '위원장', '사회자' 등을 가리켜 '체어맨chairman'이라 부르는 것은 이런 의자 문화의 산물이다.

의자는 사람이 웅크리고 앉는 데 싫증을 느낌에 따라 인체 구조를 본떠 만들어졌다. 그 때문에 의자 각 부분의 명칭조차 신체 부위에 맞춰 팔걸이, 다리, 등받이 등으로 붙여졌다.

ROAD 로드

길은 교류의 시작을 알리는 상징이다. 여러 사람들이 되밟아 걸은 곳이 길이 되고, 그 길을 따라 오가며 활발한 세상이 되었기 때문이다.

길에는 오솔길, 큰길, 산책로, 지름길 등 여러 종류가 있지만 역사를 살펴보면 '로드road'만 한 길이 없다. road는 보행자뿐 아니라 말을 탄 사람이나 마차 등 교통수단이 지날 수 있는 길로서 군사 이동, 교역, 문명 전파에 지대한 역할을 한 까닭이다.

본래의 road는 사람이 말을 타거나 마차로 지나가는 길이었다. 영어 road는 '말에 타는 것'이라는 뜻의 고대 영어 '라드rad'가 어원이다. 그 후 '말을 타고 가는 여행'이라는 뜻을 갖게 되었고, 셰익스피어 시대부터 '도로'라는 뜻으로 쓰이기 시작했다.

033

출발 ➡

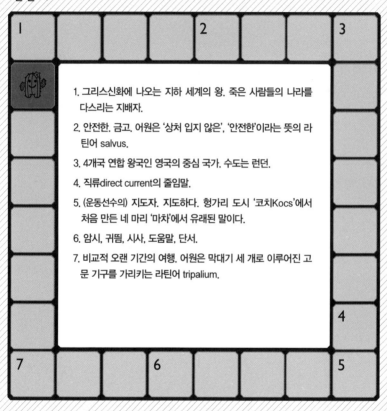

| I | | | 2 | | | 3 |

1. 그리스신화에 나오는 지하 세계의 왕. 죽은 사람들의 나라를 다스리는 지배자.

2. 안전한. 금고. 어원은 '상처 입지 않은', '안전한'이라는 뜻의 라틴어 salvus.

3. 4개국 연합 왕국인 영국의 중심 국가. 수도는 런던.

4. 직류direct current의 줄임말.

5. (운동선수의) 지도자. 지도하다. 헝가리 도시 '코치Kocs'에서 처음 만든 네 마리 '마차'에서 유래된 말이다.

6. 암시, 귀띔, 시사, 도움말, 단서.

7. 비교적 오랜 기간의 여행. 어원은 막대기 세 개로 이루어진 고문 기구를 가리키는 라틴어 tripalium.

| 7 | | | 6 | | | 5 |
| 4 | | | | | | |

첫 글자 힌트 1. H 3. E 5. C

147

033 정답

출발 ➡

```
H A D E S A F E
L           N
E           G
V           L
A           A
R           N
T           D
T N I H C A O C
```

1. Hades [héidi:z] [명] (그리스신화) 저승의 왕 하데스.

2. safe [seif] [형] 안전한, 무사한. | [명] 금고.
   Better be safe than sorry.
   (훗날) 애석해하기보다 (지금) 안전을 살펴라(돌다리도 두들겨보고 건너라).

3. England [íŋglənd] [명] 브리튼 연방의 중심 국가인 잉글랜드.

4. DC [명] 직류direct current의 줄임말.

5. coach [koutʃ] [명] 감독, 운동선수의 지도자, 대형 4륜마차. | [동] 지도하다.

6. hint [hint] [명] 암시, 귀띔, 시사, 도움말, 단서.
   A possibility is a hint from God.
   가능성은 신이 준 힌트이다.

7. travel [trǽvəl] [명] (비교적 오랜 기간의) 여행, 이동.
   Happiness is a way of travel, not a destination.
   행복은 여정이지, 목적지가 아니다.

ENGLAND 잉글랜드

기원전 55년 로마제국이 영국 땅을 침략해 원주민 켈트Celt 족을 정복했다. 얼마 후 로마가 물러가자 아일랜드에서 영국 북쪽 땅으로 건너온 스코트Scot족이 남쪽 켈트족을 공격했다. 켈트족은 색슨Saxon족에게 도움을 요청했다. 색슨족은 오히려 앵글로Anglo족과 힘을 합쳐 남쪽 지방을 점령했다. 앵글로–색 슨족은 영국 남쪽 지방을 차지한 후 '앵글로족의 땅the Land of Angles'이라고 불렀다. 여기서 '잉글랜드England'라는 명칭이 나 왔다. 이후 잉글랜드는 아일랜드를 정복하고 스코틀랜드와 합병하는 등 많은 변화를 겪었으며, 오늘날까지도 민족 및 지 역감정으로 종종 말썽이 일어나곤 한다.

현재 영국the United Kingdom은 잉글랜드England, 스코틀랜드 Scotland, 웨일스Wales, 북아일랜드Northern Ireland로 구성돼 있다.

COACH 코치

헝가리 도시 코치Kocs는 15세기 초 승차감 좋은 마차를 발 명해서 화제를 낳았다. 용수철이 달린 차체에 승객용 좌석은

마부석과 분리되어 덮개가 달린 별실로 꾸며졌으며, 네 마리 말이 끌게끔 설계된 호화로운 마차였다.

어느 나라 왕실이든 코치 지역에서 만든 신형 마차를 타는 것이 유행이었으며, 이윽고 장거리 여행에도 활용되며 유럽 전역으로 퍼졌다. 이와 함께 사륜마차를 kocs라고 불렀다. kocs는 영어로 들어와 발음이 비슷한 '코치coach'가 되었다. 이후 헝가리에서 제작되지 않았어도 사륜마차는 모두 코치라고 불렀다.

19세기 영국에서는 공부하지 않는 학생을 매질하며 가르치는 가정교사를 coach라고 불렀다. 현재는 선수와 팀이 최고의 역량을 발휘할 수 있도록 연습과 시합의 전개를 지도하는 스포츠 지도자를 코치라고 부르고 있다.

034

출발 ➡

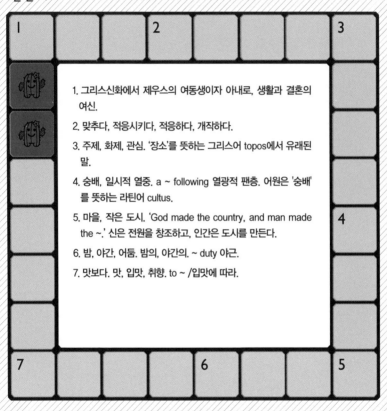

| 1 | | | 2 | | | 3 |

1. 그리스신화에서 제우스의 여동생이자 아내로, 생활과 결혼의 여신.

2. 맞추다, 적응시키다, 적응하다, 개작하다.

3. 주제, 화제, 관심. '장소'를 뜻하는 그리스어 topos에서 유래된 말.

4. 숭배, 일시적 열중. a ~ following 열광적 팬층. 어원은 '숭배'를 뜻하는 라틴어 cultus.

5. 마을, 작은 도시. 'God made the country, and man made the ~.' 신은 전원을 창조하고, 인간은 도시를 만든다.

6. 밤, 야간, 어둠. 밤의, 야간의. ~ duty 야근.

7. 맛보다, 맛, 입맛, 취향. to ~ /입맛에 따라.

| 7 | | | 6 | | | 5 |

첫 글자 힌트 1. H 3. T 5. T

034 정답

출발 ➡

H	E	R	A	D	A	P	T

1. **Hera** [hérə] [명] (그리스신화) 생활과 결혼의 여신인 헤라.

2. **adapt** [ədǽpt] [동] 맞추다, 적응시키다, 적응하다, 개작하다.
   The wise adapt themselves to circumstances.
   현명한 사람은 환경에 잘 적응한다.

3. **topic** [tápik] [명] 주제, 화제, 관심.

4. **cult** [kʌlt] [명] 숭배, 일시적 열중, 집단생활을 하는 광신적 교단.

5. **town** [taun] [명] 마을, 작은 도시.
   God made the country, and man made the town.
   신은 전원을 창조하고, 인간은 도시를 만든다.

6. **night** [nait] [명] 밤, 야간, 어둠. | [형] 밤의, 야간의.
   The night is mother of the day.
   밤은 낮의 어머니다.

7. **taste** [teist] [동] 맛보다. | [명] 맛, 입맛, 취향.
   Every man to his taste.
   각양각색.

CULT 컬트

'숭배', '예찬'을 뜻하는 라틴어 '쿨투스cultus'에서 유래된 말이다. 본래 cultus는 라틴어 '콜레레colere'의 과거분사이며, colere는 '토지를 경작하다', '땅을 돌보다', '땅을 개발하다'란 뜻이 있다. 고대 로마인은 경작을 신성하게 생각해서 신에게 감사하는 마음을 나타내는 관습이 있었다. 요컨대 cult는 경작에 대해 신에게 갖는 경건하고 고마운 마음을 표현한 말인 것이다.

그런데 신에게 봉사하고 신을 숭배하는 마음, 즉 cult는 훗날 '종파'나 '파벌'을 뜻하는 말로도 쓰이게 되었다. 요즘에는 '광신적 교단' 또는 '취미에 광적으로 빠져 있거나 심오한 사상을 추구하는 예술가 집단'을 의미하기도 한다.

이른바 '컬트 무비cult movie'는 그런 관점에서 생긴 말이다. 컬트 무비는 소수의 관객들이 즐기며 광적으로 숭배하는 영화로서, 장르가 아닌 현상을 의미한다.

컬트 무비는 심야 상영과 밀접한 관련이 있다. 1960년대 미국에서는 도심의 소극장이나 대학 강당 등에서 밤늦도록 영화를 상영하곤 했는데, 10대 후반에서 20대 중반의 젊은이들의 열광적인 지지를 받았다. 특히 1975년 개봉된 〈록키 호러 픽처 쇼〉는 개봉관에선 별 주목을 받지 못했지만 심야 상영을 통해 폭발적인 호응을 얻었다.

TOWN 타운

예부터 서양인들은 숲을 무서워했다. 어두컴컴한 그곳에 강도들이 숨어 살고 있는 데다 각종 들짐승이 사람들의 목숨을 위협했기 때문이다. 그래서 서양인들은 숲 근처에 마을을 이루고 머물러 살 때에는 반드시 주위에 나무로 울타리를 세우거나 흙으로 '보루堡壘'를 만들었다.

보루는 적의 침입에 대비해 높이 쌓은 장벽을 이르는 말이며, 영어로는 '타운town'이라고 한다.

브리튼 섬에 정주한 앵글로색슨족은 나무나 흙으로 사방을 에워싼 town 안에 가족끼리 모여 살았고, 그 주위를 점차 개간하며 생활했다. 여기서 town은 '마을'이라는 뜻을 갖게 됐다. 영국의 달링턴Darlington, 노샘프턴Northampton, 브라이턴 Brighton 등의 어미 'ton'은 town과 같은 말로서 울타리가 있는 마을이라는 뜻이다.

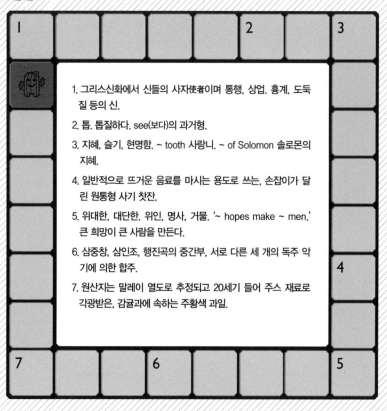

035

출발 ➡

					2		3

1. 그리스신화에서 신들의 사자使者이며 통행, 상업. 흉계, 도둑질 등의 신.

2. 톱. 톱질하다. see(보다)의 과거형.

3. 지혜, 슬기, 현명함. ~ tooth 사랑니. ~ of Solomon 솔로몬의 지혜.

4. 일반적으로 뜨거운 음료를 마시는 용도로 쓰는, 손잡이가 달린 원통형 사기 찻잔.

5. 위대한, 대단한. 위인, 명사, 거물. '~ hopes make ~ men.' 큰 희망이 큰 사람을 만든다.

6. 삼중창, 삼인조, 행진곡의 중간부, 서로 다른 세 개의 독주 악기에 의한 합주.

7. 원산지는 말레이 열도로 추정되고 20세기 들어 주스 재료로 각광받은, 감귤과에 속하는 주황색 과일.

7			6			5

첫 글자 힌트 1. H 3, W 5, G

155

035 정답

출발 ➡

```
H E R M E S A W
E             I
G             S
N             D
A             O
R             M
              U
O I R T A E R G
```

1. Hermes [həːrmiːz] [명] (그리스신화) 신들의 사자使者인 헤르메스.

2. saw [sɔː] [명] 톱. | [동] 톱질하다. see(보다)의 과거형.
   I came, I saw, I conquered.
   왔노라, 봤노라, 이겼노라.

3. wisdom [wízdəm] [명] 지혜, 슬기, 현명함.
   When I find myself in times of trouble Mother Mary comes to me.
   Speaking words of wisdom, Let it be.
   내가 고민에 빠져 있을 때 어머니(성모 마리아)께서 다가와 지혜의 말씀을 해주
   셨어요. 그대로 두어라.

4. mug [mʌg] [명] 원통형으로 손잡이가 달린 사기 찻잔.

5. great [greit] [형] 위대한, 대단한. | [명] 위인, 명사, 거물.
   Great hopes make great men.
   큰 희망이 큰 사람을 만든다.

6. trio [tríːou] [명] 삼중창, 삼인조. 서로 다른 세 개의 독주 악기에 의한 합주.

7. orange [ɔ́(ː)rindʒ] [명] 오렌지, 주황색.

HERMES 헤르메스

'헤르메스Hermes'라는 이름은 '돌무더기'를 뜻하는 그리스어 '헤르마herma'에서 유래됐다. 고대 그리스에서 돌무더기는 갈림길의 이정표나 경계를 가리키는 표시였는데, 그 상징을 형상화한 신神이 헤르메스였다. 상인이나 여행자들은 갈림길에서 돌무더기에 돌 하나를 얹으면서 행운을 기원하기도 했다. 여기서 행운이란 헤르메스가 길을 잘 안내해주거나 무사히 여행을 이끌어주는 것을 의미한다.

헤르메스는 여행자들의 수호신인 동시에, 신들의 세계에서는 심부름꾼이기도 했다. 헤르메스는 조각이나 그림에서, 긴 튜닉tunic(허리 밑까지 내려와 띠를 둘러 입는 옷)에 모자를 쓰고 날개 달린 장화를 신은 모습으로 표현됐다. 여기서 모자는 권위를, 신발은 이동과 행동을, 날개는 바람 같은 자유로움을 상징한다.

WISDOM 위즈덤

'지혜'를 의미하며, 어근은 '알고 있는'이란 뜻의 고대 영어

'위스wis'이다. 지혜란 무엇인가? 사물의 이치나 상황을 제대로 깨닫고 현명하게 대처하는 정신적 능력이다. 지식을 바탕으로 하지만, 지식이 많다고 꼭 지혜가 있는 것은 아니다. 지식이 정보라면, 지혜는 깨달음을 근간으로 하기 때문이다. 또한 지식은 설명을 통해 전달되지만, 지혜는 때로 아무 말도 없이 상대에게 전달되곤 한다. '말하지 않는 것은 지혜의 꽃이다'란 뜻의 영어 속담 'Not to speak is the flower of wisdom'은 그 의미를 살짝 느끼게 해준다.

그렇다면 지혜는 언제 생길까? 일반적으로 사춘기 때 지혜가 생긴다고 한다. '사랑니'를 영어로는 '위즈덤 투스wisdom tooth'라고 말한다. 사춘기 때 철이 들면서 조금씩 지혜를 터득하게 된다고 해서 생긴 별명이다. '철들다'라는 말은 육체적으로 어른이 될 무렵 정신적으로 좀 더 현명해지고wise 세상 살아가는 지혜wisdom를 깨닫는다는 뜻이다.

036

출발 ➡

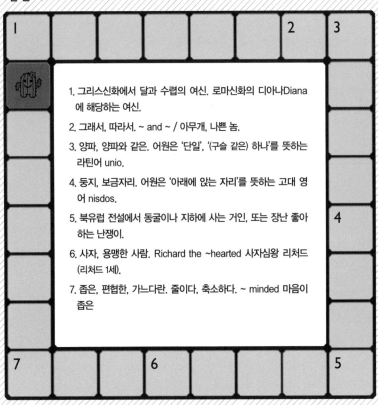

1 | | | | | | 2 | 3

1. 그리스신화에서 달과 수렵의 여신. 로마신화의 디아나Diana 에 해당하는 여신.

2. 그래서, 따라서. ~ and ~ / 아무개, 나쁜 놈.

3. 양파, 양파와 같은. 어원은 '단일', '(구슬 같은) 하나'를 뜻하는 라틴어 unio.

4. 둥지, 보금자리. 어원은 '아래에 앉는 자리'를 뜻하는 고대 영 어 nisdos.

5. 북유럽 전설에서 동굴이나 지하에 사는 거인, 또는 장난 좋아 하는 난쟁이.

6. 사자, 용맹한 사람. Richard the ~hearted 사자심왕 리처드 (리처드 1세).

7. 좁은, 편협한, 가느다란. 줄이다, 축소하다. ~ minded 마음이 좁은

7 | | | 6 | | | 5

첫 글자 힌트 1. A 3. O 5. T

036 정답

출발 ➡️

1. Artemis [áːrtəmis] [명] 달과 수렵의 여신 아르테미스.

2. so [sou] [부] 그래서, 따라서.
As you sow, so you reap.
뿌린 대로 거둔다.

3. onion [ʌ́njən] [명] 양파.
Life is like an onion, which one peels crying.
인생은 양파 같아서, 울면서 껍질을 깐다.

4. nest [nest] [명] 둥지.
A little bird wants but a little nest.
작은 새는 작은 둥지에 만족한다.

5. troll [troul] [명] 지하에 사는 거인, 장난 좋아하는 난쟁이. 돌림노래.

6. lion [láiən] [명] 사자, 용맹한 사람, 유명인.
Better a living dog than a dead lion.
살아 있는 개가 죽은 사자보다 낫다.

7. narrow [nǽrou] [형] 좁은, 편협한, 가느다란. | [동] 줄이다. 축소하다.

ARTEMIS 아르테미스

그리스신화에 등장하는 사냥의 여신으로, 원래는 숲의 여신이었다. 그러다가 인류 음식 문화의 변천과 더불어 동물의 수호신 또는 가축의 신이 되었으며, 임신과 출산을 돕는 풍요의 신으로까지 숭배되었다.

로마인들은 사냥의 신을 '디아나Diana'(영어 발음은 다이애나)라고 불렀으며, 활과 화살집을 지니고 있는 모습으로 상상했다. 활의 명수로서 타의 추종을 불허했으며 들판을 지배했다. 시인이나 화가들은 보통 다이애나가 수사슴과 사냥개를 데리고 다니는 것으로 묘사했다.

TROLL 트롤

스칸디나비아 초기 민담에서, 어두컴컴한 동굴이나 땅속에 사는 거인을 이르는 말이다. 트롤은 털북숭이 괴물로 어두워진 뒤에 활동하며, 햇빛에 노출되면 돌이 되어버린다. 지역에 따라서는 장난을 좋아하고 심술을 잘 부리는 초능력 난쟁이로 묘사되기도 한다. 크기가 어떻든 트롤은 인간에게 적대감을 지니고 있어서 여행자들을 만나면 힘든 일을 시키거나 재물을 빼앗아 간다고 한다.

트롤은 어떤 하나의 형상이 아니라 숲 속에 대한 '막연한 두려움'을 상징하는 괴물이었다. 그런데 톨킨이 자신의 판타지 소설《반지의 제왕The Lord Of The Rings》에서 거인족 괴물로 표현하면서 판타지 계통에서 유명해졌으며, 전자 게임에도 등장하게 되었다.

LION 라이온

고양잇과 맹수로서 흔히 '짐승의 왕king of beasts'으로 불린다. 영어 '라이온lion'은 라틴어 '레오leo', 더 거슬러 올라가 그리스어 '레온leon'에서 유래됐다. 고대 이집트에서는 사자의 옆모습을 상형문자로 그리고 '엘ㄴ'로 발음했다. 알파벳 12번째 글자인 대문자 L은 이집트 상형문자에서 따온 것이다.

사자는 먹이를 혼자 차지하는 습관이 있는데, 여기에서 '사자의 몫lion's share'이라는 말이 생겼다. 이솝우화에서 사자가 동물들과 먹이를 나눌 때 자기 것을 엄청 많이 떼고 아주 조금만 다른 동물에게 준 데서 비롯된 관용어로, '불공평하게 큰 몫'을 뜻한다.

037

출발 ➡

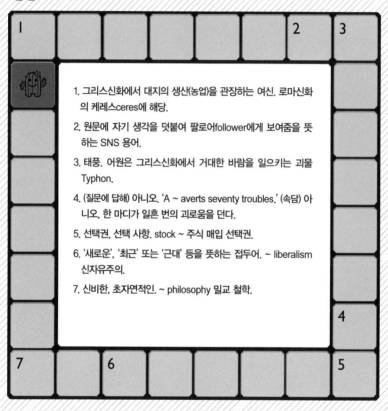

1						2	3

1. 그리스신화에서 대지의 생산(농업)을 관장하는 여신. 로마신화의 케레스ceres에 해당.

2. 원문에 자기 생각을 덧붙여 팔로어follower에게 보여줌을 뜻하는 SNS 용어.

3. 태풍. 어원은 그리스신화에서 거대한 바람을 일으키는 괴물 Typhon.

4. (질문에 답해) 아니오. 'A ~ averts seventy troubles.' (속담) 아니오, 한 마디가 일흔 번의 괴로움을 던다.

5. 선택권, 선택 사항. stock ~ 주식 매입 선택권.

6. '새로운', '최근' 또는 '근대' 등을 뜻하는 접두어. ~ liberalism 신자유주의.

7. 신비한, 초자연적인. ~ philosophy 밀교 철학.

| 7 | | 6 | | | | | 5 | 4 |

첫 글자 힌트 1. D 3. T 5. O

037 정답

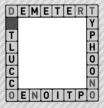

1. **Demeter** [dimíːtər] [명] (그리스신화) 농업을 관장하는 여신 데메테르.

2. **RT** [명] 리트윗ReTweet. 원문에 자기 생각을 덧붙여 follower에게 보여줌을 뜻하는 SNS 용어.

3. **typhoon** [taifúːn] [명] 태풍.
   After a typhoon there are pears to gather up.
   태풍이 지난 후에 주워 모을 배가 생긴다.

4. **no** [nou] [부] (질문에 답해) 아니오.
   'no' averts seventy troubles.
   '아니오' 한 마디가 일흔 번의 괴로움을 던다.

5. **option** [ápʃən] [명] 선택권, 선택 사항.

6. **neo** [níːou] '새로운', '최근'을 뜻하는 접두어.

7. **occult** [əkʌ́lt] [형] 신비한, 초자연적인, 밀교적인.

DEMETER 데메테르

그리스신화에 나오는 농업의 여신이다. 로마신화의 '케레스Ceres'(영어 발음은 세레스)에 해당한다.

데메테르라는 이름은 '곡식의 어머니' 또는 '어머니인 대지'를 뜻한다. 처음에는 곡식만을 담당했으나 모든 채소와 땅에서 나는 열매까지 그 영역이 확대되었다. 데메테르는 곡물 생산의 상징성으로 '출생', 성장의 상징성으로 '건강'까지 겸하게 됐고, 곡물의 뿌리가 땅속에 있으므로 '지하 세계의 여신'으로도 여겨졌다.

NO 노

영어에서 '노no'는 부정의 뜻으로 쓰는 말이다. 어원은 '(이전에) 없다'란 뜻의 고대 영어 '나na'이다. 본래부터 없었던 것을 가리키는 말이 '없다', '아니다', '부인하다' 등의 뜻으로 쓰이게 된 것이다.

no가 들어간 말 가운데 '노코멘트no comment'가 매우 유명하다. 별로 밝히고 싶지 않은 일에 대한 질문을 받았을 때

흔히 no comment라고 한다. no는 '아니오'라는 부정어이고, comment는 '해설', '논평', '의견' 등을 뜻하는 말이니, no comment는 직역하면 '의견을 말하지 않음'이라는 뜻이다.

comment는 '함께 마음에 두다'란 뜻의 라틴어 '코멘툼 commentum'에 어원을 두고 있으며, 여기에서 나아가 '비평하다'는 의미를 지니게 되었다. 주로 어떤 문제, 서적, 인물, 상태에 대한 해설이나 논평을 의미한다.

노코멘트는 1920년대에 활동한 미국 할리우드의 가십 칼럼니스트들이 처음 사용한 것으로 전해지고 있다. 당시 연예인들의 사생활을 추적한 가십 칼럼니스트들이 연예인에게서 원하는 정보를 얻지 못했을 때 (연예인이) '할 말이 없다'고 말한 것으로 글을 썼다고 한다. 하지만 1951년 소련 외교관 그로미코가 기자들의 불편한 질문에 "No comment!"라는 말로 일관하면서 이후 널리 퍼졌다.

038

출발 ➡

| 1 | | 2 | | | | | 3 |

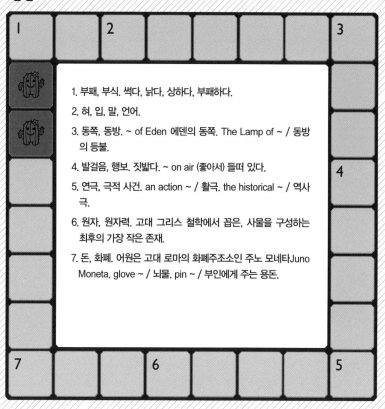

1. 부패, 부식. 썩다, 낡다, 상하다, 부패하다.

2. 혀, 입, 말, 언어.

3. 동쪽, 동방. ~ of Eden 에덴의 동쪽. The Lamp of ~ / 동방의 등불.

4. 발걸음, 행보. 짓밟다. ~ on air (좋아서) 들떠 있다.

5. 연극, 극적 사건. an action ~ / 활극. the historical ~ / 역사극.

6. 원자, 원자력. 고대 그리스 철학에서 끕은, 사물을 구성하는 최후의 가장 작은 존재.

7. 돈, 화폐. 어원은 고대 로마의 화폐주조소인 주노 모네타Juno Moneta. glove ~ / 뇌물. pin ~ / 부인에게 주는 용돈.

| 7 | | | 6 | | | 5 | |

첫 글자 힌트 1. R 3. E 5. D

167

038 정답

출발 ⇒

1. rot [rɑt] [명] 부패, 부식. | [형] 썩다, 낡다, 상하다, 부패하다.
Stagnant water is bound to rot.
고인 물은 썩는다.

2. tongue [tʌŋ] [명] 혀, 입, 말, 언어.
A long tongue is a sign of a short hand.
긴 혓바닥은 짧은 손의 표식이다(말이 앞서면 행동은 느리다).

3. east [iːst] [명] 동쪽, 동방.
East or west, home is best.
동쪽이든 서쪽이든 집이 최고다(어딜 가도 집만 한 데가 없다).

4. tread [tred] [명] 발걸음, 발자국, 행보. | [동] 발걸음을 옮기다, 짓밟다.

5. drama [drɑ́ːmə] [명] 연극, 연출, 극적 사건.

6. atom [ǽtəm] [명] 원자, 원자력.
The unleashed power of the atom has changed everything.
고삐 풀린 원자의 힘이 모든 것을 바꿔놓았다.

7. money [mʌ́ni] [명] 돈, 화폐.
Lend your money, and lose your friend.
돈을 빌려주면 친구도 잃는다.

DRAMA 드라마

고대 그리스인들은 디오니소스Dionysus를 자주 칭송하고 숭배했다. 포도주와 풍요로움의 신으로 여겨진 디오니소스를 잘 모실수록 풍년이 든다고 믿었던 까닭이다. 디오니소스는 '바커스'라고도 불렸다. '포도주의 신'이라는 뜻이며, 로마신화에는 '바쿠스Bacchus'로 등장한다.

그리스에서는 디오니소스를 찬양하는 제례 의식이 자주 치러졌고, 합창단이 부르는 노래에 인위적인 어떤 동작이 더해지면서 연극이 탄생했다. 연극을 영어로 '드라마drama'라 하는데, 이 말은 '행위'와 '동작'을 뜻하는 그리스어 '드라마 dráma'에 어원을 두고 있다. 그리스어 '드란dran'은 '행위하다'라는 뜻이었지만 '연기하다'라는 의미로도 사용되었다. drama는 dran을 어원으로 하는 말로, 원뜻은 '무대 위의 행위an action on the stage'이다. '극적인'이란 뜻의 '드러매틱dramatic'과 '맹렬한'이란 뜻의 '드래스틱drastic'은 같은 어원을 가진 단어로서, 모두 연극의 특성에서 비롯되었다.

MONEY 머니

기원전 269년 로마인들이 세운 화폐 주조소 신전의 이름인 '주노 모네타Juno Moneta'에서 유래됐다. Moneta는 로마의 여신 주노의 별칭으로 '충고의 여신'이라는 의미를 갖는다.

주노가 하는 일 가운데 하나는 사람들이 잘못된 일을 할 때 충고 또는 경고를 하는 것이었다. 로마인들은 주노를 중요한 여신으로 섬겼고, 그 신전 또한 중요한 장소로 여겼다. 따라서 로마인들은 주노 신전 바로 옆에 조폐소를 차려 주화를 만들었는데, 이러한 이유로 로마 주화는 곧 여신의 별명으로 불리게 되었다.

모네타라는 단어는 현대 이탈리아에서도 여전히 주화를 뜻하며, 같은 의미로서 스페인에서는 '모네다moneda', 프랑스에서는 '모네monnaie'로 불린다. 라틴어 moneta는 고대 영어에 편입되면서 'mynet'가 됐고 중세에 'money'로 철자가 바뀌었다.

한편 인터넷이 보편화된 오늘날에는 '사이버머니cyber money'가 새롭게 주목받고 있다. cyber money란 전자상거래 및 콘텐츠 제공업체들이 가입 회원에게 마일리지 형태로 제공하는 가상 화폐를 일컫는 말이다.

039

출발 ➡

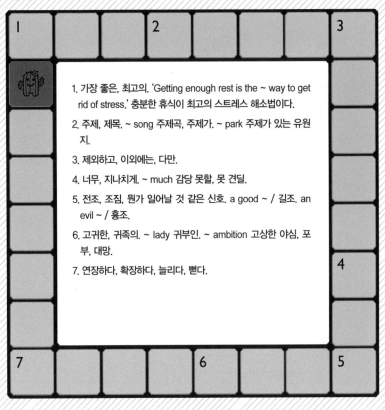

| I | | 2 | | | | 3 |

1. 가장 좋은, 최고의. 'Getting enough rest is the ~ way to get rid of stress.' 충분한 휴식이 최고의 스트레스 해소법이다.

2. 주제, 제목. ~ song 주제곡, 주제가. ~ park 주제가 있는 유원지.

3. 제외하고, 이외에는, 다만.

4. 너무, 지나치게. ~ much 감당 못할, 못 견딜.

5. 전조, 조짐, 뭔가 일어날 것 같은 신호. a good ~ / 길조. an evil ~ / 흉조.

6. 고귀한, 귀족의. ~ lady 귀부인. ~ ambition 고상한 야심, 포부, 대망.

7. 연장하다, 확장하다, 늘리다, 뻗다.

| 7 | | | 6 | | | 5 |

첫 글자 힌트 1. B 3. E 5. O

039 정답

출발 ➡

1. best [best] [형] 가장 좋은, 최고의.

Getting enough rest is the best way to get rid of stress.
충분한 휴식이 최고의 스트레스 해소법이다.

2. theme [θiːm] [명] 주제, 제목.

3. except [iksépt] [전치] 제외하고, 이외에는, 다만.

Everything can be borne except contempt.
모욕만 아니라면 참을 수 있다.

4. too [tuː] [부] 너무, 지나치게.

Too many cooks spoil the broth.
요리사가 너무 많으면 수프를 망친다(사공이 많으면 배가 산으로 간다).

5. omen [óumən] [명] 전조, 징조, 조짐, 뭔가 일어날 것 같은 신호.

6. noble [nóubəl] [형] 고귀한, 고결한, 귀족의.

The noble soul has reverence for itself.
고결함이란 스스로를 존중하는 것이다.

7. extend [iksténd] [동] 연장하다, 확장하다, 늘리다, 뻗다.

THEME 테마

그리스어 '테마thema'가 어원으로, 문학에서 창작이나 논의의 중심과제나 주된 내용 또는 주제를 의미하는 말이다. 'thema'라고도 쓴다.

원래 thema는 고대 그리스에서 군대 배치와 관련된 용어였으며, 일정한 규모의 군사 단위 또는 군사적 용도의 토지를 의미했다. 그리스 문화가 오리엔트 문화와 융합한 헬레니즘 시대에는 별들의 움직임을 비롯한 종합적인 성운의 징후를 thema라고 불렀다.

중세 이후 독일에서는 thema를 음악 용어로 사용했는데, 악곡을 형성하는 데 필요한 악상樂想이라는 뜻으로 '악곡의 주제'가 곧 thema였다. 또한 여기서 한 걸음 나아가 '창작이나 논의의 중심이 되는 내용이나 주제'도 thema라고 말했다.

thema는 영어에 편입되어 마찬가지로 '주제'라는 뜻으로 쓰였다. 다만 철자는 끝의 a를 e로 바꿔 theme로 표기했다. 하지만 관용적으로 thema도 같이 쓰고 있다.

한편 theme는 영화의 대중화와 더불어 널리 쓰이게 됐는

데, '테마송theme song'이 큰 역할을 했다.

처음으로 영화를 위한 주제가가 작곡된 것은 1918년 미국에서였다. 당시의 인기 여배우 메이블 노먼드가 주연으로 출연한 영화 〈미키Mickey〉를 위해 동명同名의 주제가를 만든 것이다. 작곡자는 닐 모레, 작사자는 해리 윌리엄스였으며, 테마송이란 말도 이때 처음 생겼다.

그 당시의 주제가란 지금처럼 영화의 흥행을 돕기 위해서라기보다는, 오히려 영화의 인기에 편승해 노래(주제가)를 유행시키려는 의도를 가지고 있었다. 그때 이런 목적으로 만들어진 노래를 '타이 업 송tie up song'이라 불렀다.

〈미키〉가 나오고 5년이 지난 1923년에 패러마운트가 제작한 〈포장마차The Covered Wagon〉의 주제가는 포스터의 〈오, 수재너Oh! Susanna〉로서, 이는 기존 가곡歌曲이 영화 주제가가 된 최초의 사례이기도 하다.

진짜 테마송으로서 처음 작곡되고 대히트를 거둔 것은 1926년 20세기폭스가 제작한 〈영광의 대가What Price Glory〉의 주제가 〈샤르메느Charmaine〉였다. 영화는 제1차 세계대전에 참전한 미군들에게 환희를 안겨준 프랑스 처녀가 미국 병사와 결혼하게 된다는 이야기로, 주제가가 뉴욕의 로드쇼에서 처음 연주되었을 때 온 시민이 이 음악을 흥얼거렸다고 한다.

040

출발 ➡

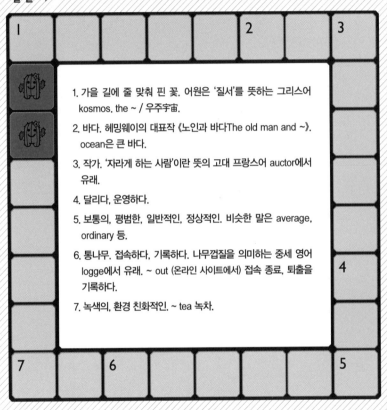

1 | | | | | 2 | | 3

1. 가을 길에 줄 맞춰 핀 꽃. 어원은 '질서'를 뜻하는 그리스어 kosmos. the ~ / 우주宇宙.

2. 바다. 헤밍웨이의 대표작 《노인과 바다The old man and ~》. ocean은 큰 바다.

3. 작가. '자라게 하는 사람'이란 뜻의 고대 프랑스어 auctor에서 유래.

4. 달리다, 운영하다.

5. 보통의, 평범한, 일반적인, 정상적인. 비슷한 말은 average, ordinary 등.

6. 통나무. 접속하다, 기록하다. 나무껍질을 의미하는 중세 영어 logge에서 유래. ~ out (온라인 사이트에서) 접속 종료, 퇴출을 기록하다.

7. 녹색의, 환경 친화적인. ~ tea 녹차.

7 | | 6 | | | | 5

첫 글자 힌트 1. C 3. A 5. N

175

040 정답

출발 ➡

C	O	S	M	O	S	E	A
							U
N							T
E							H
E							O
R							R
							U
G	O	L	A	M	R	O	N

1. cosmos [kάzməs] [명] 코스모스. the ~ 우주宇宙.

2. sea [si:] [명] 바다, 바닷가, 해양.
Sea is the best school for a sailor.
바다가 선원에게 가장 좋은 학교이다(현장 경험이 중요하다).

3. author [ɔ́:θər] [명] 작가, 저자, 저술가.

4. run [rʌn] [동] 달리다, 운영하다.
If you don't walk today, you have to run tomorrow.
오늘 걷지 않는다면, 내일은 뛰어야 한다.

5. normal [nɔ́:rməl] [형] 보통의, 평범한, 정상적인, 일반적인.
Everyone seems normal until you get to know them.
깊이 알기 전까지 모든 사람은 정상이다.

6. log [lɔ(:)g] [명] 통나무. | [동] 접속하다, 기록하다.
As easy as rolling off a log.
통나무 굴리기처럼 쉽다(누워서 떡 먹기).

7. green [gri:n] [형] 녹색의, 환경 친화적인.
The grass in the neighbour's garden is greenest.
이웃집 마당의 잔디가 더 푸르다(남의 떡이 더 커 보인다).

COSMOS 코스모스

지구가 생기기 이전의 우주는 온갖 것이 어지럽게 흩어져 있는 상태였다. 이러저러한 물질들이 때로는 섞이고 때로는 부딪치면서 혼란한 모습을 보였는데, 그리스인들은 그런 상황을 '카오스chaos'라 했다.

chaos는 '크게 벌린 입'이라는 뜻의 그리스어 '카오스Khaos'에 어원을 둔 단어로서, 속이 보이지 않는 컴컴한 동굴처럼 무엇이나 삼켜버리는 공포를 의미했다. 그래서 chaos는 '혼란', '혼돈', '무질서'를 뜻하는 말로 쓰이고 있다.

100억 년 전에 빅뱅big bang(우주 대폭발)이 있은 뒤 우주에 질서가 생겼다.

밤과 낮의 되풀이는 일정한 시간적 규칙이 있다는 것이고, 더불어 순서(또는 차례)에 의해 싸우지 않게 됨을 의미한다. 이로 말미암아 카오스에서 질서가 생겼으니, 그리스인들은 그런 상황을 '코스모스cosmos'라고 했다. cosmos는 어울려 존재하는 우주 또는 질서를 뜻하는 말이다.

일반적으로 '질서와 조화가 있는 체계로서의 우주'는 정관사 the를 붙여 'the cosmos'라고 한다.

한편 가을날의 대표 꽃으로 유명한 '코스모스'는 멕시코 고산지대가 원산지이다. 신이 세상을 아름답게 꾸미고자 처음으로 만든 꽃이라는 전설이 있으며, 18세기 스페인 식물학자가 멕시코에서 가져온 꽃에 코스모스라는 이름을 붙였다. 꽃잎을 하나하나 붙여 질서 있게 장식한 듯 보이는 모양새에서 착안한 이름이다.

NORMAL 노멀

라틴어 '노르말리스normalis'가 어원이다. normalis는 목수의 '곱자norma'로 측정을 마친 물체를 의미했다. 곱자는 나무나 쇠로 만든 'ㄱ' 자 모양의 직각자를 가리킨다. 목수가 그 직각자로 길이나 크기를 측정한 물체가 normalis였던 것이다. 측정에서 아무 문제가 없음이 확인된 것도 normalis라고 말했는데, 여기서 '정상적인'이란 뜻의 normal이 나왔다. 우리 사회에는 정상적인 것이 훨씬 많으므로 normal은 '일반적', '평범한', '보통의'란 뜻으로도 쓰이고 있다.

LOG 로그

'통나무'를 뜻하며, 어원은 '나무껍질'을 의미하는 중세 영어 '로게logge'이다. 통나무는 껍질이 눈에 띄기에 나무껍질을 온전히 지닌 통나무를 log라고 부르게 된 것이다.

한편 사이트 접속 상태를 일러주는 '로그인log in', '로그아웃log out'은 초창기 컴퓨터 운영체제에서 비롯됐다. 사용자가 컴퓨터 서버에 접속해서 일한 내용을 감시하는 파일을 log라고 했는데, 컴퓨터에 들어온 때부터 나갈 때까지만 작동되도록 했기에 log in, log out이라는 말이 생긴 것이다. '로그온log on', '로그오프log off'는 스위치 개념에서 나온 말이다.

회전퍼즐
영단어
STEP 3
—
041-060

041

출발 ➡

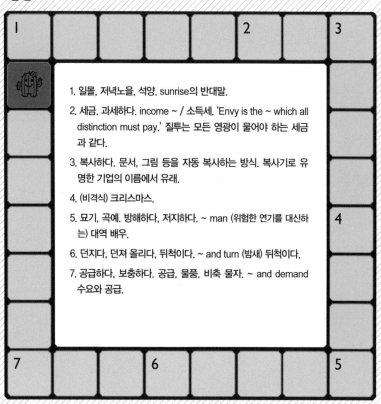

	1				2		3

1. 일몰, 저녁노을, 석양. sunrise의 반대말.

2. 세금. 과세하다. income ~ / 소득세. 'Envy is the ~ which all distinction must pay.' 질투는 모든 영광이 물어야 하는 세금과 같다.

3. 복사하다. 문서, 그림 등을 자동 복사하는 방식. 복사기로 유명한 기업의 이름에서 유래.

4. (비격식) 크리스마스.

5. 묘기, 곡예. 방해하다, 저지하다. ~ man (위험한 연기를 대신하는) 대역 배우.

6. 던지다, 던져 올리다, 뒤척이다. ~ and turn (밤새) 뒤척이다.

7. 공급하다, 보충하다. 공급, 물품, 비축 물자. ~ and demand 수요와 공급.

첫 글자 힌트 1. S 3. X 5. S

041 정답

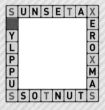

1. sunset [sʌ́nsèt] [명] 일몰, 저녁노을.
The message of sunset is sadness, the message of dawn is hope.
석양은 슬픔을, 새벽은 희망을 전한다.

2. tax [tæks] [명] 세금.
Envy is the tax which all distinction must pay.
질투는 모든 영광이 물어야 하는 세금과 같다.

3. Xerox [zíərɑks] [명] 문서나 그림, 사진을 자동으로 복사하는 방식. | [동] 복사하다.

4. Xmas [krisməs, eksməs] [명] (비격식) 크리스마스.

5. stunt [stʌnt] [명] 묘기, 아슬아슬한 연기, 곡예. | [동] 방해하다, 저지하다.

6. toss [tɔːs] [동] 던지다, 뒤척이다.
We give that dag-gone loss a toss.
가망이 없는 손실은 떠넘긴다.

7. supply [səplái] [동] 공급하다, 보충하다, 채우다. | [명] 공급, 물품, 비축 물자.
If you have moderate abilities, industry will supply their deficiency.
만약 그대가 평범한 재능의 소유자라면 근면은 그 결점을 보완해줄 것이다.

XEROX 제록스

1948년 미국에서 '제록스Xerox'라는 단어가 등장했다. 할로 이드에서 선보인 복사기 이름이었는데, Xerox라는 상품명은 '건조하다'란 뜻의 그리스어 '제로스xeros'에서 유래했다.

처음 상품명을 정했을 때 대다수 임원들은 제록스라는 발음이 너무 어렵다며 반대했으나, 창업주 가운데 한 사람인 윌슨이 지지했다고 한다. 이후 제록스는 복사기 일반을 뜻하는 말로 통용될 만큼 엄청난 성공을 거둠으로써, '팔리면 기억된다'라는 마케팅 법칙을 새롭게 인식시켜주었다.

원래 제록스 복사기를 만든 것은 체스터 칼슨이라는 특허 관련 변호사였다. 이 변호사는 부업으로 발명을 하고 있었는데, 1938년에 자신의 임시 연구실에서 최초의 복사기를 만들어냈다. 칼슨은 이 발명품에 '전자사진electrophotography'이란 이름을 붙이고 상업화해보려고 애썼지만, 6년이 넘도록 아무도 관심을 가져주지 않았다. '먹종이로 해도 되는데 무엇 때문에 비싼 돈 들여 복사기를 사겠느냐'라는 반응들이었다.

이 발명에 대한 권리는 1944년 한 연구소에 팔렸다 1947년

185

할로이드로 넘어갔다. 할로이드는 electrophotography란 이름이 너무 복잡하다는 판단 아래 이름을 바꾸는 작업에 들어갔고, 그 결과가 1년 후 Xerox로 나타났다.

할로이드는 1961년 회사 이름을 제록스로 개칭했다.

XMAS 크리스마스

유대인들은 예수를 '그리스도Christos'라 불렀는데, Christos는 그들이 오래전부터 기다려온 '왕' 또는 '구세주'를 뜻하는 '메시아messiah'의 번역어이다. 그러므로 크리스트교의 출발점은 바로 '예수 그리스도'로서, 예수를 하느님의 아들이며 이 세상의 구원자로 믿는 것을 신앙의 근본 교리로 삼고 있다.

그리스도를 영어로는 '크리스트Christ'라고 한다. '크리스마스Christmas'는 '그리스도의 탄생일'이란 뜻이며, Christ에 가톨릭교에서 말하는 미사mass를 합친 말이다. 문자 그대로는 '그리스도를 기리는 (제사) 모임'인데, 12월 25일을 그리스도의 생일로 공식화하면서 '성탄절'이란 뜻을 갖게 되었다.

크리스마스를 간단히 Xmas라고도 표기하는데, 이는 그리스어 '크리스토스Xristos'에서 머리글자를 따온 것이다. 다시 말해 영어의 X가 아니라 그리스어 자모 X이므로 아포스트로피를 붙여서 X'mas로 쓰면 안 된다.

042

출발 ➡

1			2		3

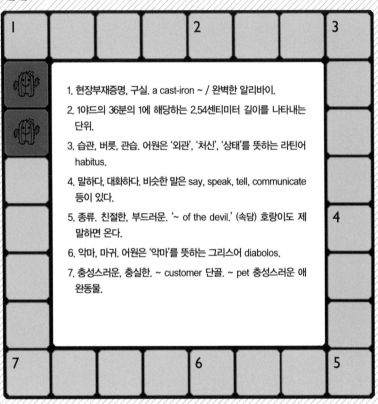

1. 현장부재증명, 구실. a cast-iron ~ / 완벽한 알리바이.

2. 10야드의 36분의 1에 해당하는 2.54센티미터 길이를 나타내는 단위.

3. 습관, 버릇, 관습. 어원은 '외관', '처신', '상태'를 뜻하는 라틴어 habitus.

4. 말하다, 대화하다. 비슷한 말은 say, speak, tell, communicate 등이 있다.

5. 종류. 친절한, 부드러운. '~ of the devil.' (속담) 호랑이도 제 말하면 온다.

6. 악마, 마귀. 어원은 '악마'를 뜻하는 그리스어 diabolos.

7. 충성스러운, 충실한. ~ customer 단골. ~ pet 충성스러운 애완동물.

7			6		5

첫 글자 힌트 1. A 3. H 5. K

042 정답

출발 ➡

1. alibi [ǽləbài] [명] 현장부재증명, 알리바이. (구어) 구실, 변명.

2. inch [intʃ] [명] (길이 단위)인치. 2.54센티미터.

3. habit [hǽbit] [명] 습관, 버릇, 습성, 관습.
Habit is a second nature.
습관은 제2의 천성이다.

4. talk [tɔːk] [동] 말하다, 이야기하다, 대화하다.
Talking the talk, but not walking the walk.
말만 할 뿐 실행에 옮기지 않는다.

5. kind [kaind] [명] 종류, 종족, 성질. | [형] 친절한, 부드러운.
There's nothing more right than being kind.
친절함보다 더 옳은 것은 없다.

6. devil [dévl] [명] 악마, 마귀.
Talk of the devil and he is sure to appear.
악마에 대해 얘기하면 악마가 나타난다(호랑이도 제 말 하면 온다).

7. loyal [lɔ́iəl] [형] 충성스러운, 충직한, 충실한.
It's the soul's duty to be loyal to its own desires.
내면의 역할은 욕망에 충실한 것이다.

188

ALIBI 알리바이

어원은 라틴어 '알리우비aliubi'로서 'ali(다른)'와 'ubi(장소)'가 합쳐진 말이다. '다른 장소에 있었다'가 '(사건이 일어난) 그 장소에 없었다'라는 뜻이 되는 까닭이다. 일설에는 '다른'이란 뜻의 라틴어 '알리우스alius'와 '거기에'란 뜻의 '이비ibi'가 합해져 '다른 장소에'란 의미가 됐다고도 한다. 어느 설이 옳든 '다른 장소에'라는 같은 뜻을 나타낸다.

이 말이 처음 사용된 것은 로마로 거슬러 올라간다. 로마법은 근대 서양법 체계의 원천인 만큼 법률 용어도 로마, 즉 라틴어계가 적지 않다. 알리바이도 그중 하나로서 '어딘가 다른 곳에'라는 부사에서 나온 말이다. 사건 당시 '범죄 현장the scene of a crime'에 있지 않고 다른 장소에 있었다는 사실이 증명되면 일단 혐의에서 벗어나는 셈이기 때문이다.

alibi는 법률 용어로 '현장부재증명現場不在證明'이라는 뜻이다. 형사사건이 발생한 시간에 용의자가 그 범죄 현장에 있지 않았다는 증명이 곧 알리바이다. 일반적으로 사람들 사이에서는 '구실', '변명', '핑계'란 뜻으로 쓰인다.

INCH 인치

미터법으로 2.54센티미터에 상당하는 길이를 나타내는 야드파운드법의 단위로, 어원은 라틴어 '운키아uncia'이다. 로마 제국 시대에 로마인들은 남자의 발뒤꿈치에서 엄지발가락 끝까지의 길이를 '푸트foot'라고 했으며, 푸트를 12개의 uncia로 나누었다. 훗날 푸트는 '피트feet', uncia는 '인치inch'로 바뀌었다. 하지만 12분의 1 비율은 그대로 지켜져 1피트는 1인치의 약 12배로 30.48센티미터에 해당한다.

DEVIL 데빌

'악마'를 뜻하는 그리스어 '디아볼로스diabolos'에서 유래된 말로, 원래 뜻은 '악담하는 사람'이었다. 초기 크리스트교에서는 기독교에 반대하거나 비방하는 사람들을 가리켜 '더 데빌the devil'이라고 표현했다. 신을 비방하고 적대시하는 인간을 가리킨 devil은 중세 때 이단 종교를 경고하는 차원에서 악마를 지칭하기에 이르렀다.

devil은 작은 악령들을 일컬을 때도 있지만 대개는 사악한 마귀들의 우두머리를 가리켰다. 일반적으로 마왕의 부하로서 신에게 적대적으로 대하는 악귀를 지칭할 때 썼다.

043

출발 ➡

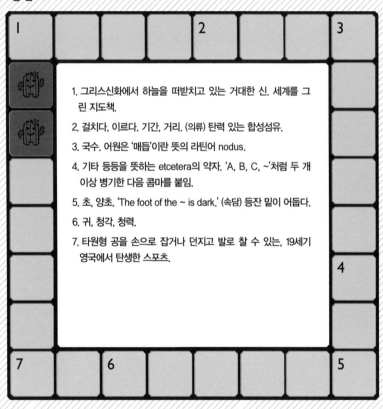

| I | | | | 2 | | | 3 |

1. 그리스신화에서 하늘을 떠받치고 있는 거대한 신. 세계를 그린 지도책.

2. 걸치다, 이르다. 기간, 거리. (의류) 탄력 있는 합성섬유.

3. 국수. 어원은 '매듭'이란 뜻의 라틴어 nodus.

4. 기타 등등을 뜻하는 etcetera의 약자. 'A, B, C, ~'처럼 두 개 이상 병기한 다음 콤마를 붙임.

5. 초, 양초. 'The foot of the ~ is dark.' (속담) 등잔 밑이 어둡다.

6. 귀, 청각, 청력.

7. 타원형 공을 손으로 잡거나 던지고 발로 찰 수 있는, 19세기 영국에서 탄생한 스포츠.

첫 글자 힌트 1. A 3. N 5. C

191

043 정답

출발 ➡

```
A T L A S P A N
■               O
Y               O
B               D
U               L
                E
                T
R A E L D N A C
```

1. atlas [ǽtləs] [명] (그리스신화) 거신巨神 아틀라스, 지도책, 도해서, 환추環椎.

2. span [spæn] [동] 걸치다, 이르다, 미치다. | [명] 기간, 거리, (의류) 탄력 있는 합성섬유.

3. noodle [núːdl] [명] 국수, 면.

4. etc [etsétərə] [명] 기타 등등. etcetera의 약자.

5. candle [kǽndl] [명] 초, 양초.
The foot of the candle is dark.
등잔 밑이 어둡다.

6. ear [iər] [명] 귀, 청각, 청력.
Go in one ear and out the other.
한 귀로 듣고 한 귀로 흘리다.

7. rugby [rʌ́gbi] [명] 럭비.

ATLAS 아틀라스

그리스신화에서 올림포스의 신들은 하늘을 제패하기 전에 거인E人족인 티탄Titan과 일대 결전을 벌였는데, '아틀라스Atlas'는 이들 티탄 가운데 하나였다. 제우스는 제왕의 자리에 오른 뒤 자기에게 맞선 아틀라스에게 하늘을 떠받치는 벌을 내렸다. 그리스어 아틀라스는 '운반하는 자'라는 뜻과 함께 '참는 자'라는 뜻도 있다.

고대 그리스의 시인 호메로스는 아틀라스가 하늘을 떠받치는 기둥을 지킨다고 생각했으나, 후대에 오면서 아틀라스가 온몸으로 기둥 노릇을 한다는 생각이 퍼지며 점차 지구 표면에 대한 의미로 변질되었다.

오늘날 영어와 프랑스어에서는 atlas가 '지도'를 뜻한다. 제목에 atlas가 들어간 책은 지도나 도해, 지명 색인 등을 묶은 것을 가리킨다. 이는 17세기 이후 지도책 속표지에 실리는 권두 그림에 아틀라스의 형상을 그려 넣은 데서 유래했다. 구체적으로 16세기의 네덜란드 지도학자 메르카토르Mercator가 투영법을 고안해 지도책을 펴내면서 아틀라스가 지구본을 떠받치고 있는 모습을 삽화로 실은 일을 계기로, 이후 지도책을 atlas라고 일컫게 된 것이다.

EAR 이어

어원은 '듣다', '인지하다'란 뜻의 인도유럽어 어간 'au'이다. 또한 au에서 '귀'란 뜻의 라틴어 '아우리스auris'와 '듣다'란 뜻의 라틴어 '아우디레audire'가 생겼다. 라틴어 auris가 영어로 들어와 ear가 된 것이다.

한편 요즘 '(음악) 심사'라는 의미로 많이 쓰이는 '오디션 audition'은 본래 '청각'이나 '청력'을 뜻했으나, 시간이 흐르면서 '음성 검사'와 '노래 심사'라는 뜻까지 지니게 되었다. audition 역시 인도유럽어 어간 au에서 나온 말이다.

044

출발 ➡

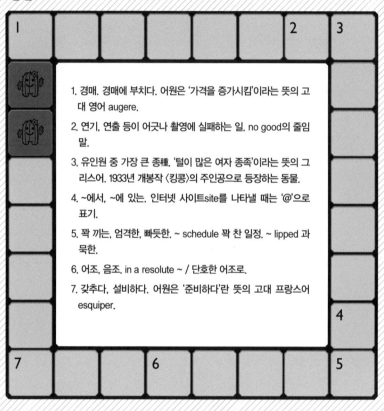

1					2	3

1. 경매. 경매에 부치다. 어원은 '가격을 증가시킴'이라는 뜻의 고대 영어 augere.

2. 연기, 연출 등이 어긋나 촬영에 실패하는 일. no good의 줄임말.

3. 유인원 중 가장 큰 종種. '털이 많은 여자 종족'이라는 뜻의 그리스어. 1933년 개봉작 〈킹콩〉의 주인공으로 등장하는 동물.

4. ~에서, ~에 있는. 인터넷 사이트site를 나타낼 때는 '@'으로 표기.

5. 꽉 끼는, 엄격한, 빠듯한. ~ schedule 꽉 찬 일정. ~ lipped 과묵한.

6. 어조, 음조. in a resolute ~ / 단호한 어조로.

7. 갖추다, 설비하다. 어원은 '준비하다'란 뜻의 고대 프랑스어 esquiper.

7			6			5

첫 글자 힌트 1. A 3. G 5. T

195

044 정답

출발 ➡

A U C T I O N G
O
R
P I
U L
Q L
A
E N O T H G I T

1. auction [ɔ́:kʃən] [명] 경매, 공매. | [동] 경매하다, 경매에 부치다.

2. NG [명] 연기, 연출, 기술 등이 의도에 맞지 않아 촬영에 실패하는 일. no good 의 줄임말.

3. gorilla [gərílə] [명] 고릴라.

4. at [æt] [전치] ∼에서, ∼에 있는.
Stand at a right angel.
오른쪽의 천사 편에 서다(바른 선택을 하다).

5. tight [tait] [형] 꽉 끼는, 엄격한, 빠듯한.
Friends are like Violin strings, they must not be screwed too tight.
친구란 바이올린 현과 같아, 너무 팽팽해선 안 된다.

6. tone [toun] [명] 어조, 음조.
Give a tone of elegance to your room.
우아한 분위기가 나도록 방을 가꿔라.

7. equip [ikwíp] [동] (특별한 목적을 위해) 갖추다, 기르다, 설비하다, 무장하다.

AUCTION 옥션

'경매競賣'란 사겠다는 사람이 여럿 있을 때 가장 높은 값을 부른 사람에게 파는 일을 일컫는다. '옥션auction'은 '증가시키다'라는 뜻의 고대 영어 '아우게레augere'에 어원을 두고 있으며, 이로부터 '금액을 증가시키다'에서 '경매하다'라는 뜻으로 발전했다.

공개 경쟁매매를 통해 물건을 사고파는 행위인 경매는 고대부터 있었는데, 애초 경매 대상은 사물이 아닌 사람이었다.

헤로도토스의 《역사》에 따르면, 서양 문명의 원류인 기원전 4000년 바빌론 왕국에서는 경매결혼競賣結婚을 했다. 1년에 한 번 날을 잡아 마을 광장에다 여자들을 세우고 남자들로 하여금 가격을 부르게 했는데, 여자가 젊고 예쁠수록 남자들의 경쟁이 치열했고 나이가 많거나 못생긴 여자는 사람들의 관심 밖으로 밀려났다. 다만 돈이 있는 여자는 예외여서, 남자들이 외모가 마음에 들지 않아도 지참금 때문에 여자를 사는 경우가 많았다.

경매는 근대 들어 미술품 매매가 본격화되면서 새삼 주목을 받았다. 1882년 영국에서 귀족들이 보유한 미술품을 팔 수 있도록 법률이 개정되자, 귀족의 저택을 장식하던 명화들이 대거 경매를 통해 거래되었다. 이때 미국의 신흥 부자들은 유럽의 명화를 경매로 구입해 문화적 품위를 높이려 했다.

제1차 세계대전 직후 러시아 황실이 유럽 미술품을 사들이면서 미술품 경매가 다시 성행했고, 1929년 대공황으로 주식株式이 폭락해 투자자들이 미술품으로 눈을 돌렸을 때 또다시 경매가 주목받았다.

GORILLA 고릴라

영어 '고릴라gorilla'는 '털이 많은 여자 종족'이란 뜻의 그리스어에서 유래됐다. 기원전 5세기경 카르타고의 항해자 한노Hanno가 북아프리카를 탐험하던 중 고릴라를 봤는데, 그는 "온몸이 털로 뒤덮인 미개인 여자들이 우리를 피해 달아났다"라고 기록했다. gorilla는 이 기행문을 바탕으로 생긴 말이다.

고릴라는 유인원 중에서 몸집이 가장 크지만 성질은 비교적 온순하다. 먹는 것도 과일이나 나무뿌리 등 주로 초식을 한다. 고릴라는 부당하게 공격받지 않는 한 상대를 먼저 공격하는 일이 드물다.

045

출발 ➡

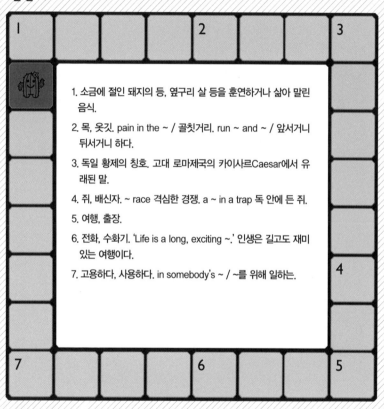

			2		3

1. 소금에 절인 돼지의 등, 옆구리 살 등을 훈연하거나 삶아 말린 음식.

2. 목, 옷깃. pain in the ~ / 골칫거리. run ~ and ~ / 앞서거니 뒤서거니 하다.

3. 독일 황제의 칭호. 고대 로마제국의 카이사르Caesar에서 유래된 말.

4. 쥐, 배신자. ~ race 격심한 경쟁. a ~ in a trap 독 안에 든 쥐.

5. 여행, 출장.

6. 전화, 수화기. 'Life is a long, exciting ~.' 인생은 길고도 재미있는 여행이다.

7. 고용하다, 사용하다. in somebody's ~ / ~를 위해 일하는.

첫 글자 힌트 1. B 3. K 5. T

199

045 정답

출발 ➡

1. bacon [béikən] [명] 베이컨.

2. neck [nek] [명] (인체) 목, 옷깃.
It's a neck and neck game.
막상막하의 게임이다.

3. Kaiser [káizər] [명] 카이저(독일 황제의 칭호).

4. rat [ræt] [명] (동물) 쥐, 배신자.
A rat in a trap.
덫에 걸린 쥐(독 안에 든 쥐).

5. trip [trip] [명] 여행, 출장.
Life is a long, exciting trip.
인생은 길고도 재미있는 여행이다.

6. phone [foun] [명] 전화, 수화기.
Love is hoping it's him when your mobile phone rings.
사랑은 전화벨이 울릴 때 그이길 바라는 것이다.

7. employ [emplɔ́i] [동] 고용하다, 사용하다.
Non but a wise man can employ leisure well.
현명한 사람이 아니면 여가를 잘 쓰지 못한다.

BACON 베이컨

소금에 절인 돼지의 등이나 옆구리 살을 훈연하거나 삶아 말린 음식을 일컫는다. 붉은 살코기와 지방이 깨끗한 3겹을 이루고 고기 비율이 높을수록 좋은 품질로 친다.

서양인이 돼지고기 중에서 특히 좋아하는 베이컨은 고대부터 있었다. 베이컨은 고대 그리스인과 로마인이 즐기던 식품으로, 그들은 베이컨을 제단에 바치면 신神들이 은혜를 베푼다고 믿었다.

12~13세기 영국 사회에서는 결혼하고 1년이 지난 뒤에도 행복하게 사는 부부에게 베이컨 한 쪽을 주었는데, 이 풍습에서 유래해 행운과 관련한 관용어도 생겼다.

오늘날 영국인들은 원하던 것을 얻었을 때나 목적을 달성했을 때 '브링 홈 더 베이컨bring home the bacon'이라고 말한다. '베이컨을 집에 가져오다'로, 의역하면 '행운을 얻었다'는 뜻이다. 요즘에는 '가족을 위해 돈을 벌다', '경기에서 우승하다'란 의미로도 쓰인다.

베이컨의 어원에 대해서는 두 가지 설이 있다. '멧돼지'를 뜻하는 중세 독일어 'bachen'에서 bacon이 연유됐다는 설과, '궁둥이'를 뜻하는 고대 독일어 'bache'가 '돼지'를 뜻하는 중세 덴마크어 'bakbe'를 거쳐 bacon이 됐다는 설이다.

어느 설이든 독일인의 돼지고기 선호와 관련이 깊으며, 실제로 베이컨은 독일에서 몇 세기에 걸쳐 농민들이 가장 즐기던 고기였다.

KAISER 카이저

'황제'를 뜻하는 독일어로, 영어에서도 '독일 황제', '독재자'란 뜻으로 쓰인다. 카이저의 어원은 고대 로마제국 공화정의 마지막 종신독재관 카이사르이다.

카이사르Caesar는 로마공화정 말기 '빵과 서커스bread and circuses' 정책을 펴서 대중에게 큰 인기를 끌었다. 빵과 서커스는 각각 식량과 볼거리를 상징하는 말로, 먹고사는 걱정을 없애주고 볼거리로 즐겁게 해주는 정책을 일컫는다.

카이사르는 사실상 황제나 다름없는 권력을 누리다가, 그의 독주를 못마땅하게 여긴 원로원 사람들에게 암살되었다. 그러나 워낙 강한 통치력을 발휘한 탓에 이후 그의 이름은 '황제'를 의미하게 되었다. '지배자'를 뜻하는 러시아어 '차르tsar'나 독일어 Kaiser는 모두 Caesar에서 나온 말이다.

046

출발 ➡

| 1 | | 2 | | | 3 |

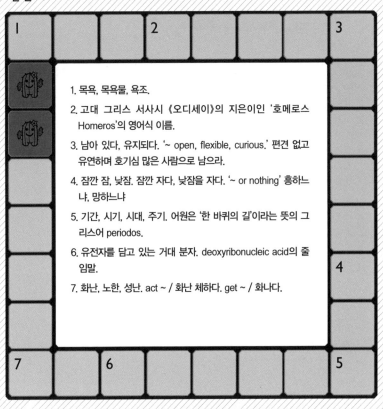

1. 목욕, 목욕물, 욕조.
2. 고대 그리스 서사시 《오디세이》의 지은이인 '호메로스 Homeros'의 영어식 이름.
3. 남아 있다, 유지되다. '~ open, flexible, curious.' 편견 없고 유연하며 호기심 많은 사람으로 남으라.
4. 잠깐 잠, 낮잠. 잠깐 자다, 낮잠을 자다. '~ or nothing' 흥하느냐, 망하느냐
5. 기간, 시기, 시대, 주기. 어원은 '한 바퀴의 길'이라는 뜻의 그리스어 periodos.
6. 유전자를 담고 있는 거대 분자. deoxyribonucleic acid의 줄임말.
7. 화난, 노한, 성난. act ~ / 화난 체하다. get ~ / 화나다.

| 7 | | 6 | | | 5 |

첫 글자 힌트 1. B 3. R 5. P

203

046 정답

출발 ➡

1. bath [bæθ] [명] 목욕, 목욕물, 욕조.
Do not throw out the baby with the bath water.
귀한 것을 쓸모없는 것과 함께 버리지 말라.

2. Homer [hóumər] [명] 호메로스Homeros.

3. remain [riméin] [동] 남아 있다, 유지되다.
Remain open, flexible, curious.
편견 없고 유연하며 호기심 많은 사람으로 남으라.

4. nap [næp] [명] 잠깐 잠, 낮잠. ㅣ [동] 잠깐 자다, 낮잠을 자다.

5. period [píəriəd] [명] 기간, 시기, 시대, 주기.
Not everything is possible in every period.
시대마다 가능한 것과 불가능한 것이 있다.

6. DNA [명] 유전자를 담고 있는 거대 분자.

7. angry [ǽŋgri] [형] 화난, 노한, 성난.
Get angry at others for ones own mistakes.
실수를 한 사람이 화를 낸다(방귀 뀐 놈이 성낸다).

BATH 바스

옛날 영국의 블라더드Bladud(리어 왕의 아버지)는 왕자가 된 지 얼마 지나지 않아 한센병에 걸리는 바람에 남서부 지역으로 쫓겨나는 신세가 됐다. 한적한 곳에서 돼지치기로 연명하던 블라더드가 어느 날 물에 빠져 허우적거리는 돼지를 보았다. 블라더드는 돼지를 구하려고 그 물에 몸을 담갔는데 그 뒤로 병이 완전히 나았다. 알고 보니 그곳은 오래전부터 뜨거운 물이 계속 솟아나오는 온천이었다.

블라더드는 왕위에 오른 뒤 온천 도시 '바스Bath'를 건설했다. 여기에서 소문자로 시작하는 bath(영국 발음은 바스, 미국 발음은 배스)는 '더운물', '목욕'이라는 뜻을 갖게 되었다.

오늘날 bath는 '따뜻한 물에 몸을 담그는 행위'에서 나아가 '몸을 깨끗이 씻는 행위' 곧 '목욕'의 뜻으로 쓰인다. 'a warm bath(온수욕)'는 물론 'a cold bath(냉수욕)'처럼 차가운 물로 씻는 것도 bath로 표현한다. 또한 욕조는 bathtub, 욕실은 bathroom이라고 하는데 미국에서 bathroom은 '가정의 화장실'이라는 의미도 있다.

205

HOMER 호머

호메로스Homeros는 기원전 9~8세기경에 활동한 고대 그리스의 시인이다. 영어로는 '호머Homer'라고 하며, 고대 서사시 《일리아드Iliad》와 《오디세이Odyssey》의 저자로 알려져 있다.

《일리아드》는 그리스군 사령관 아가멤논에게 무시당한 아킬레우스의 분노와 그 때문에 트로이전쟁에서 일어나는 불운한 결과를 그리는 동시에, 그리스 민족의 단일성과 도덕적이며 현실적인 교훈을 제시하고 있다. 《오디세이》는 트로이전쟁을 마치고 귀국하는 오디세우스의 모험과 역경을 담은 영웅담이다. 두 작품은 고대 그리스 교육과 문화의 바탕이 되었고, 그리스인들은 위대한 서사시를 전부 외우며 깨우침을 얻으려 했다. 두 작품은 또한 도덕적 가르침, 실천적 교훈 등에서 후대 서양의 윤리와 사상에도 큰 영향을 끼쳤다.

PERIOD 피어리드

어원은 '한 바퀴의 길'이란 뜻의 그리스어 '페리오도스periodos'이다. 여기에서 '길을 한 바퀴 도는 시간', '주기週期', '(일정한) 기간'이란 뜻이 나왔다. 'by periods(주기적으로)', 'a period of revolution(혁명의 시기)'에서 보듯 period는 어느 일정한 기간이나 시간을 의미한다.

047

출발 ➡

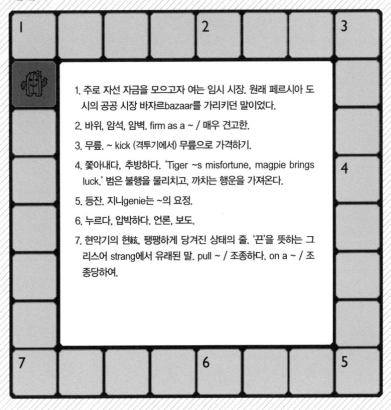

| I | | | | 2 | | | 3 |

1. 주로 자선 자금을 모으고자 여는 임시 시장. 원래 페르시아 도시의 공공 시장 바자르bazaar를 가리키던 말이었다.

2. 바위, 암석, 암벽. firm as a ~ / 매우 견고한.

3. 무릎. ~ kick (격투기에서) 무릎으로 가격하기.

4. 쫓아내다, 추방하다. 'Tiger ~s misfortune, magpie brings luck.' 범은 불행을 물리치고, 까치는 행운을 가져온다.

5. 등잔. 지니genie는 ~의 요정.

6. 누르다, 압박하다. 언론, 보도.

7. 현악기의 현絃, 팽팽하게 당겨진 상태의 줄. '끈'을 뜻하는 그리스어 strang에서 유래된 말. pull ~ / 조종하다. on a ~ / 조종당하여.

| 7 | | | | 6 | | | 5 |

첫 글자 힌트 1. B 3. K 5. L

047 정답

출발 ⇒

1. bazar [bəzáːr] [명] 시장, 저잣거리, 자선 시장.

2. rock [rɑk] [명] 바위, 암석, 암벽.
A small rock holds back a great wave.
작은 바위가 커다란 파도를 밀쳐낸다.

3. knee [niː] [명] 무릎.

4. expel [ikspél] [동] 쫓아내다, 추방하다.
Tiger expels misfortune, magpie brings luck.
범은 불행을 물리치고, 까치는 행운을 가져온다.

5. lamp [læmp] [명] 등잔.
Light your lamp before it becomes dark.
어두워지기 전에 등불을 켜라.

6. press [pres] [동] 누르다, 압박하다. | [명사] 언론, 보도.
The press is our chief ideological weapon.
언론은 우리의 으뜸가는 이념 무기다.

7. string [striŋ] [명] 현악기의 현絃, 팽팽하게 당겨진 상태의 줄.

BAZAR 바자

어려운 환경에 처한 사람들을 돕기 위해 바자회를 여는 경우가 종종 있는데, '바자bazar'의 본래 뜻은 어려운 사람을 돕는다는 취지와 전혀 상관이 없다.

bazar는 원래 페르시아 도시의 공공 시장을 가리키던 말로서, 이슬람 문화권의 시장을 일컫는다. 이 말은 페르시아에서 아라비아, 터키, 북아프리카로 퍼져나갔으며, 인도에서는 하나의 상점을 뜻하는 말로 쓰이고 있다.

17세기 이란의 카산과 이스파한에 세워진 시장 같은 몇몇 바자는 완벽하게 설계된 건축물이며, 뜨거운 사막의 태양을 막기 위해 상점가 전체를 한 지붕으로 이어 각각의 상점마다 반구형 지붕을 세우거나 차양을 쳐놓았다. 《천일야화The Thousand and One Nights》에는 바자의 풍경이 생생히 묘사돼 있다.

그렇지만 현대 영어에서는 개개의 상점 또는 잡화점을 가리키거나 자선을 목적으로 잡다한 물건을 파는 시장을 일컫는 말로 쓰이고, 'bazaar'라고도 표기한다.

LAMP 램프

'등잔'을 뜻하며 비유적으로 '빛'이나 '광명'을 의미하기도 한다. 어원은 '횃불'을 뜻하는 그리스어 '람페lampe'이다.

등잔 중에서 유명한 것은 단연 '알라딘의 램프'이다.《천일야화》에 나오는 〈알라딘과 요술 램프〉의 내용은 대략 다음과 같다.

중국인 재단사의 아들로 태어났지만 일찍 아버지를 여읜 알라딘은 어느 날 아프리카에서 온 마술사를 따라 음침한 동굴로 들어갔다. 마술사는 반지 하나를 건네주며 이상한 램프를 가지고 나오라고 지시했다. 알라딘은 동굴에서 꺼내주면 램프를 건네주겠다고 했지만, 마술사는 알라딘이 램프를 건네지 않자 동굴에 알라딘을 가둬놓고 떠나버렸다. 동굴에 갇힌 알라딘이 반지를 문지르자 힘센 요정이 나타나 무사히 집으로 돌아갈 수 있게 해주었다. 알라딘은 램프를 문질러도 요정들을 불러낼 수 있음을 알게 되었고, 요정은 알라딘이 원하는 모든 소원을 들어주었다.

이로써 '알라딘의 램프'는 불가능해 보이는 것도 가능하게 해주는 기적을 뜻하는 말로 쓰이고 있다.

048

출발 ➡

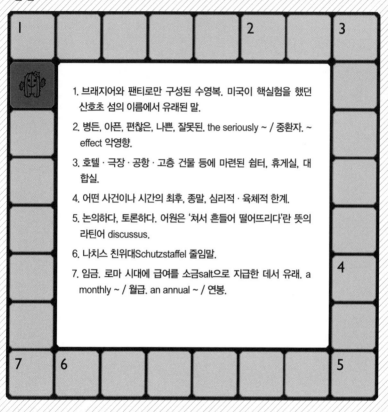

				2		3

1. 브래지어와 팬티로만 구성된 수영복. 미국이 핵실험을 했던 산호초 섬의 이름에서 유래된 말.

2. 병든, 아픈, 편찮은, 나쁜, 잘못된. the seriously ~ / 중환자. ~ effect 악영향.

3. 호텔 · 극장 · 공항 · 고층 건물 등에 마련된 쉼터, 휴게실, 대합실.

4. 어떤 사건이나 시간의 최후, 종말, 심리적 · 육체적 한계.

5. 논의하다, 토론하다. 어원은 '쳐서 흔들어 떨어뜨리다'란 뜻의 라틴어 discussus.

6. 나치스 친위대Schutzstaffel 줄임말.

7. 임금. 로마 시대에 급여를 소금salt으로 지급한 데서 유래. a monthly ~ / 월급. an annual ~ / 연봉.

첫 글자 힌트 1. B 3. L 5. D

211

048 정답

출발 ⇒

1. bikini [bikíːni] [명] 비키니 수영복.

2. ill [il] [형] 병든, 아픈, 편찮은, 나쁜, 잘못된.
 Ill news travels apace.
 나쁜 소식은 빨리 퍼진다.

3. lounge [laundʒ] [명] 호텔 · 공항 · 고층 건물 등에 마련된 쉼터, 대합실.

4. end [end] [명] (시간 또는 사건의) 최후, 종말. (심리적 또는 육체적) 한계.
 The end justifies the means.
 목적은 수단을 정당화한다.

5. discuss [diskʌs] [동] 논의하다, 토론하다.
 Great minds discuss ideas.
 위대한 사람은 창의를 논한다.

6. SS [명] 나치스 친위대Schutzstaffel 줄임말.

7. salary [sǽləri] [명] 급여, 임금.
 It's not your salary that makes you rich, it's your spending habits.
 당신을 부자로 만드는 것은 봉급이 아니라 씀씀이 습관이다.

DISCUSS 디스커스

'의논하다', '토론하다'란 뜻으로, 어원은 '쳐서 흔들어 떨어뜨리다'란 뜻의 라틴어 '디스쿠수스discussus'이다. 로마인들이 토론에 대해 언어로 상대방을 쳐서 산산이 부수는 것으로 생각한 데서 비롯된 말이다. discuss의 의미를 잘 일러주는 명언이 있다.

Great minds discuss ideas.

Average minds discuss events.

Small minds discuss people.

위대한 사람은 아이디어를 논한다.

보통 사람은 사건을 논한다.

마음이 좁은 사람은 (다른) 사람들에 대해 논한다.

SALARY 샐러리

고대 로마인은 소금을 아주 귀중하게 여겼기에, 군인에게

213

월급으로 소금을 지급하거나 '살라리움salarium'이라고 불리는 소금 살 수 있는 특별 급여를 지급했다. 오늘날 월급을 뜻하는 영어 '샐러리salary'는 '소금 돈'이란 뜻의 라틴어 '살라리우스salarius'에서 유래되었다.

여기서 파생된 '샐러리드salaried'는 '봉급을 받는'이나 '월급쟁이의', '어 샐러리드 임플로이a salaried employee'는 '월급쟁이'라는 뜻이다. 그러나 '샐러리맨salaried man'이라는 단어는 일본인이 만들어낸 조어이며, 영어권에서 통하는 '월급쟁이'의 보편적인 영어 단어는 '오피스워커office worker'이다.

소금은 그 외에도 많은 말을 탄생시켰다. 예컨대 로마인은 야채를 소금에 절여 먹었는데, 이런 음식을 '샐러드salad'라고 했다. 하지만 오늘날 샐러드는 싱싱한 야채를 식초나 마요네즈 등에 버무려 먹는 음식을 뜻한다. 식량 사정이 나아지면서 소금 대신 다른 드레싱으로 바뀌었음에도 관용적으로 그렇게 부르는 것이다.

한편 '급료'를 의미하는 영어 '샐러리salary'와 '페이pay'는 서로 뜻이 조금 다르다. salary는 1개월 또는 그 이상의 일정 기간을 단위로 해서 정기적으로 지급되는 봉급을 의미하고, pay는 모든 종류의 급료를 뜻하는 일반적인 말이다.

049

출발 ➡

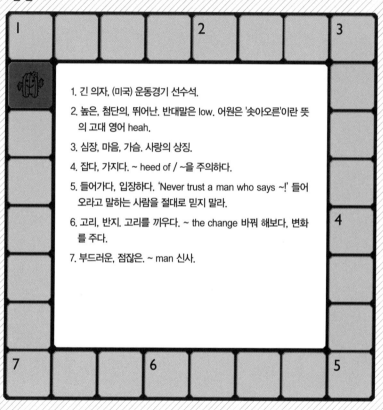

1				2				3
🌵								
	1. 긴 의자, (미국) 운동경기 선수석.							
	2. 높은, 첨단의, 뛰어난. 반대말은 low. 어원은 '솟아오른'이란 뜻의 고대 영어 heah.							
	3. 심장, 마음, 가슴. 사랑의 상징.							4
	4. 잡다, 가지다. ~ heed of / ~을 주의하다.							
	5. 들어가다, 입장하다. 'Never trust a man who says ~!' 들어오라고 말하는 사람을 절대로 믿지 말라.							
	6. 고리, 반지. 고리를 끼우다. ~ the change 바꿔 해보다, 변화를 주다.							
	7. 부드러운, 점잖은. ~ man 신사.							
7			6					5

첫 글자 힌트 1. B 3. H 5. E

215

049 정답

출발 ⇒

1. bench [bentʃ] [명] 긴 의자, (미국) 운동경기 선수석.
A throne is only a bench covered with velvet.
왕좌는 벨벳 덮인 의자일 뿐이다.

2. high [hái] [형] 높은, 첨단의, 뛰어난.

3. heart [hɑːrt] [명] 심장, 마음, 가슴.
A heart in love with beauty never grows old.
아름다움을 사랑하는 마음은 절대로 늙지 않는다.

4. take [teik] [동] 잡다, 가지다.
Take heed of the snake in the grass.
숲 속의 뱀을 주의하라(보이지 않는 위험을 조심하라).

5. enter [éntər] [동] 들어가다, 입장하다.
Never trust a man who says enter!
들어오라고 말하는 사람을 절대로 믿지 말라.

6. ring [riŋ] [명] 고리, 반지. | [동] 고리를 끼우다.

7. gentle [dʒéntl] [형] 부드러운, 점잖은.
A gentle word opens an iron gate.
부드러운 말이 철문을 연다.

216

BENCH 벤치

좁고 나무 상판이 있는 의자로, 등받이 유무에 관계없이 길게 만든 의자가 벤치이다. 벤치는 고대 로마인이 사용했으며, 중세까지 앉는 도구로서 가장 일반화된 형태였다.

bench의 어원은 라틴어 'banca'이며, 고대 영어 'benc'를 거쳐 bench로 굳어졌다. bench(종종 the bench)는 '재판부', '판사석', '법정'을 나타내기도 한다. 이는 법정에 판사들이 나란히 앉아 있는 모습에서 비롯된 말이다.

벤치는 여러 사람들이 앉아 기다리는 의자인 까닭에 '대기석'이라는 뜻으로도 쓰인다. 대기석에 앉아 의자를 따뜻이 데우는 후보 선수는 영어로 '벤치워머bench warmer'라 하며, 벤치에서 상대 팀을 야유하는 선수를 '벤치자키bench jockey'라고 한다. jockey는 '(경마) 기수', '조종자'라는 의미이다.

HIGH 하이

'솟아오른', '융기한'이란 뜻의 고대 영어 '헤아heah'에서 비롯되었으며, 산처럼 우뚝 솟아오른 것을 나타낸 말이다.

high는 '값비싼', '신분이 높은', '품질이 뛰어난'이란 뜻도 있다. 관용어 '하이 앤 로high and low'는 직역하면 '높고 낮고'이 지만 '(지위) 고하를 막론하고'란 의미로 널리 쓰인다.

그런데 사람에게는 high를 사용하지 않는다. 예컨대 키 큰 사람을 말할 때 '어 톨 맨a tall man'이라고 하지, '어 하이 맨 high man'이라고 말하지 않는다. high와 비교되는 tall은 같은 종류 중에서 높은 것, 너비보다 높이가 월등한 것, 자라거나 쌓아올려서 높게 된 것을 이를 때 쓴다.

RING 링

'정신적인 것을 담는 둥근 그릇'의 형태에서 비롯된 말이 며 '고리', '둥근 열', '둥근 장소'를 뜻한다.

ring은 동그란 형태를 이르는데, 권투 경기장을 '사각의 링' 이라고 하는 이유는 무엇일까?

근대 들어 생긴 프로 권투 초창기에 지방을 돌며 경기할 때, 관중은 경기장을 표시하려고 둥글게 쳐놓은 로프rope 주 변에 둥글게 모여 경기를 구경했다. 이때 둥글게 친 경기장을 ring이라고 했는데, 이는 로마 시대에 서커스가 펼쳐진 둥근 무대를 지칭한 ring과 같은 뜻이었다. 이후 사각 경기장을 만 들었지만 명칭은 그대로 ring이라고 했다.

출발 ➡

| 1 | | | | 2 | | 3 |

1. 황홀한 매력, 반하게 만드는 아름다운, 가슴이 크고 육감적인 몸매를 가진 여성의 매력.

2. 둥근 물건의 가장자리, 농구 골대의 테두리.

3. 금속, 합금. 어원은 '동굴', '광산 갱도'를 뜻하는 그리스어 metallon.

4. 왼쪽의, 혁신적인. 왼쪽. right의 반대말. over the ~ / 거꾸로 말해서.

5. 지식을 주다, 가르치다, 알려주다. 어원은 '말', '징조'를 뜻하는 고대 영어 tæcan.

6. 머리털, 두발, 체모, 털.

7. 준비된, 채비가 된, 사전에. be ~ for / ~할 준비가 되다.

| 7 | | | 6 | | | 5 |

050 정답

출발 ➡

```
G L A M O R I M
              E
Y             T
D             A
A             L
E             E
              F
R I A H C A E T
```

1. glamor [glǽmər] [명] 황홀한 매력, 매혹적인 아름다움, 성적 매력.

2. rim [rim] [명] 둥근 물건의 가장자리, 농구 골대의 테두리.

3. metal [métl] [명] 금속, 주철, 합금.

4. left [left] [형] 왼쪽의, 혁신적인. | [명] 좌측.
Industry is fortune's right hand, and frugality her left.
근면은 부의 오른팔이요, 검약은 왼팔이다.

5. teach [ti:tʃ] [동] 지식을 주다, 가르치다, 알려주다.
To teach a fish how to swim.
물고기에게 수영 가르치기(공자 앞에서 문자 쓴다).

6. hair [hɛər] [명] 머리털, 두발, 체모, 털.
It is not white hair that engenders wisdom.
흰 머리가 지혜를 낳는 것은 아니다.

7. ready [redi] [형] 준비된, 채비가 된, 사전에.
Hope for the best, be ready for the worst.
최상을 기대하고, 최악에 대비하라.

GLAMOR 글래머

오랜 옛날부터 사람들은 달의 은은한 빛에 흥미를 가졌다. 달빛 자체가 묘한 매력이 있을 뿐 아니라 달빛에 비친 사물 또한 기묘하고 새로운 느낌으로 다가왔기 때문이다. 아이슬란드 사람들도 그런 생각을 했으니, 아이슬란드 신화에서 달은 '글라므glamr'로 불렸다. 이 말이 스코틀랜드의 게일어에 섞여 들어 '글람glam'이 되었으며, 달빛 속에서 태어나 달빛 속에서 노는 요정을 의미하게 되었다. 이 요정은 인간에게 '글람사이트glamsight'(글람의 시력), 즉 '사물을 실제와 다른 식으로 보게 하는 마법의 시력'을 제공할 수 있었다. 여기서 영어 glamor 또는 glamour가 탄생했다.

일설에는 중세 유럽에서 학문을 독점했던 성직자나 학자의 '문법grammar'에서 비롯됐다고도 한다. 다시 말해 '문자를 읽고 쓰는 기술'을 뜻하는 그리스어 '그라마티케grammatike'가 라틴어와 프랑스어를 거쳐 영어에 차용됐다는 것이다. 중세에는 일반인들이 글씨를 몰랐기에 글씨가 적힌 책이나 문법은 이상한 마력을 의미했고, 나아가 여성의 요염한 아름다움을 의미하는 말로 변했다는 것이다.

어느 설이 옳은지는 아직 단정할 수 없다. 하지만 20세기 이후 미국으로 건너간 glamour가 미국인의 성적 취향을 만족시켜주는 용어로 적극 사용된 것만은 틀림없다. 특히 할리우드 영화는 여성의 성적 매력을 적극 강조함으로써 glamour라는 말을 대중화하는 데 결정적 역할을 했다.

그래서 오늘날 glamour는 신비적이며 매력이 풍부한 유혹적인 아름다움을 뜻한다.

TEACH 티치

'티치teach'의 어원은 '말', '징조'란 의미의 고대 영어 '태칸tæcan'이다. 어떤 징조나 상황을 말로 설명해주는 데서 '알려주다', '가르치다', '배우게 하다'란 뜻이 나왔다.

'티처teacher'는 동사 teach에 사람을 나타내는 접미사 'er'을 붙인 말로서, 초기엔 '(뭔가를) 가리키는 사람'을 뜻하다가 14세기경부터 '(무엇을) 가르치는 사람'의 뜻을 지니게 됐다.

우리나라에서는 "선생님!" 하고 부르지만, 미국에서는 선생님을 부를 때 이름을 말한다. 만약 이름이 리즈Liz라면 "Teacher Liz!"가 아니라 "Miss Liz!"라고 부른다.

051

출발 ➡

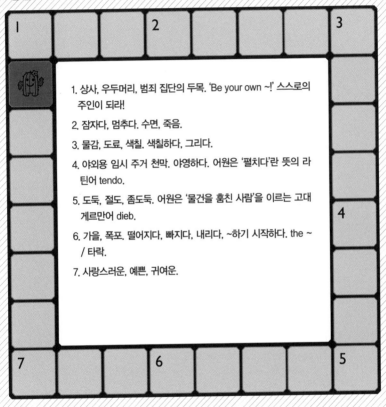

		2			3
1					

1. 상사, 우두머리, 범죄 집단의 두목. 'Be your own ~!' 스스로의 주인이 되라!

2. 잠자다, 멈추다. 수면, 죽음.

3. 물감, 도료, 색칠. 색칠하다, 그리다.

4. 야외용 임시 주거 천막. 야영하다. 어원은 '펼치다'란 뜻의 라틴어 tendo.

5. 도둑, 절도, 좀도둑. 어원은 '물건을 훔친 사람'을 이르는 고대 게르만어 dieb.

6. 가을, 폭포. 떨어지다, 빠지다, 내리다, ~하기 시작하다. the ~ / 타락.

7. 사랑스러운, 예쁜, 귀여운.

첫 글자 힌트 1. B 3. P 5. T

051 정답

출발 ➡

1. boss [bɔ(ː)s] [명] 상사, 우두머리, 영수.
Be your own boss!
스스로의 주인이 되라!

2. sleep [sliːp] [동] (계속) 잠자다, (기능이) 멈추다. | [명] 잠, 수면, 죽음.
Success and rest don't sleep together.
성공과 휴식은 함께 잠자지 않는다.

3. paint [peint] [명] 물감, 도료, 색칠. | [동] 색칠하다, 그리다.

4. tent [tent] [명] 천막, 야외용 임시 주거 천막.

5. thief [θiːf] [명] 도둑, 절도.
Set a thief to catch a thief.
도둑은 도둑으로 잡아라(이이제이以夷制夷).

6. fall [fɔːl] [명] 가을, 하락, 폭포. | [동] 떨어지다, 내리다, 하락하다.
I Can't Help Falling in Love With You.
나는 당신을 사랑할 수밖에(당신과 사랑에 빠질 수밖에) 없다.

7. lovely [lʌvli] [형] 사랑스러운, 예쁜, 귀여운.
Honest labour bears a lovely face.
정직한 노동이 사랑스러운 얼굴을 만든다.

BOSS 보스

1776년 독립전쟁으로 영국에서 독립한 미국은 18세기에 이르도록 영국식 문화를 배척하는 경향이 강했고, 주종主從 관계와 관련된 말은 특히 꺼렸다. 영어 '보스boss'는 그 과정에서 생긴 단어이다.

미국인들은 영국의 귀족 기질을 싫어했으며, '주인님'이란 뜻의 '마스터master'라는 말에 무척 예민한 반응을 보였다. 그동안 영국을 주인으로 섬겨온 데 따른 반발감이 그런 심리를 만든 것이다. 그래서 미국인들은 master에 대응하는 다른 말을 찾던 끝에 네덜란드에서 이주해 온 사람들이 쓰는 '주인'이라는 뜻의 네덜란드어 'bass'에 착안해 boss라는 말을 새로 만들었다. 이때부터 boss는 '주인', '사장님', '감독'이라는 뜻으로 쓰였다.

그런데 19세기 들어 boss는 약간 다른 의미로 통하기 시작했으니, 다소 부정적 의미로 '우두머리'나 '실력자'를 가리켰다. 특히 마피아가 극성을 부린 20세기 초에는 아예 마피아 두목을 뜻하는 말로 사용됐으며, 여기에서 파생되어 '상당한 영향력을 가진 실력자', '집단 의사 결정에 강한 영향력을 행사하는 사람', '급여를 주고 사람을 부리는 고용주'도 boss라 일컫게 되었다.

요컨대 boss는 영국 귀족 기질에 대한 반감으로 미국인이 만든 실용적 실력자이자, 특정 분야 또는 이해관계가 얽힌 사람들의 우두머리인 셈이다.

한편 master는 남성에게만 쓰지만, boss라는 단어는 남녀를 가리지 않고 쓸 수 있다.

THIEF 시프

'물건 훔친 사람'을 이르는 고대 게르만어 'dieb'에서 비롯된 말이다. 옛날 영국에서는 도둑질한 사람을 붙잡으면 엄지에 'T' 자 낙인을 찍는 관습이 있었다. 이때의 T는 thief의 머리글자로서, 도둑에게 이제는 도둑질하지 말라는 경고인 동시에 다른 사람들에겐 도둑질한 적 있는 사람이니 조심하라고 알려주는 표시였다. '도둑으로 알려진'이란 뜻의 '마크드 위드 어 티marked with a T'는 그런 문화에서 생긴 관용어다.

052

출발 ➡

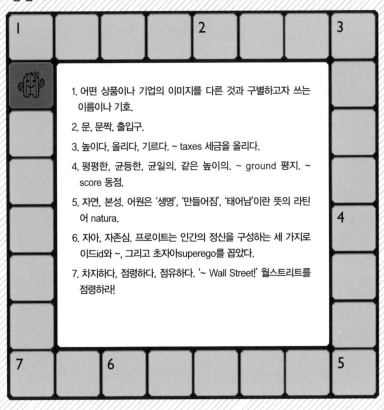

1				2			3

1. 어떤 상품이나 기업의 이미지를 다른 것과 구별하고자 쓰는 이름이나 기호.

2. 문, 문짝, 출입구.

3. 높이다, 올리다, 기르다. ~ taxes 세금을 올리다.

4. 평평한, 균등한, 균일의, 같은 높이의. ~ ground 평지. ~ score 동점.

5. 자연, 본성. 어원은 '생명', '만들어짐', '태어남'이란 뜻의 라틴어 natura.

6. 자아, 자존심. 프로이트는 인간의 정신을 구성하는 세 가지로 이드id와 ~, 그리고 초자아superego를 꼽았다.

7. 차지하다, 점령하다, 점유하다. '~ Wall Street!' 월스트리트를 점령하라!

7		6				5	

첫 글자 힌트 1. B 3. R 5. N

052 정답

출발 ⇒

1. brand [brænd] [명] 상표, 소인, 타다 남은 나무.

2. door [dɔːr] [명] 문, 문짝, 출입구.
The door of opportunity is opened by pushing.
기회의 문은 밀어야 열린다.

3. raise [reiz] [동] 높이다, 높이 들다, 올리다, 세우다, 기르다, 일으키다.
If you want to plant a crop for eternities, raise democracy.
영원히 농작물을 심고 싶다면, 민주주의를 길러라.

4. even [íːvən] [부] ~조차, 실로, 한층, 대등하게. | [형] 평평한, 균등한.
Even Homer sometimes nods.
호메로스조차 졸 때가 있다(원숭이도 나무에서 떨어질 때가 있다).

5. nature [néitʃər] [명] 자연, 본성, 천성, 성질.
Habit is a second nature.
습관은 제2의 천성이다.

6. ego [égou] [명] 자아, 자존심.
Take your ego down a few notches.
너의 자존심을 좀 낮춰라.

7. occupy [ákjəpai] [동] 차지하다, 점령하다, 장소를 점유하다.

BRAND 브랜드

노르웨이의 옛말인 '브란드르brandr'에서 비롯된 말로, 본래 뜻은 '달구어 지지다'이다. 이웃 목장의 가축과 내 집의 가축을 구별하기 위해 가축의 등이나 엉덩이를 불로 지져서 만든 표지를 의미한다. 다시 말해 브랜드는 소에 찍은 낙인에서 유래된 것이다.

한편 노르웨이어가 아니라 '타고 있는 나무'를 뜻하는 고대 영어 '브린난brinnan'에서 유래됐다는 설도 있다. 횃불이나 땔감으로 타고 있는 나무에서 '불붙은 나무', '타다 남은 나무'란 뜻이 나왔고 이런 나무들은 다른 나무들과 구분되기에 '표지'라는 뜻이 추가됐다는 것이다.

어느 설이 옳든 brand는 남의 것과 구별하기 위해 자신의 것에 어떤 표시를 하고자 하는 데서 비롯됐음을 알 수 있다.

오늘날 brand는 '디자이너, 메이커의 이름을 앞에 붙인 상품'을 뜻하고 있으며, 자본주의 사회에서 '명품'의 뜻으로도 통한다.

DOOR 도어

'문'을 뜻하는 고대 영어 '두루duru'에 어원을 둔 말이다. door는 '문짝', '문', '출입구', '현관'을 의미하며, 비유적으로 '(~에 이르는) 길', '방도', '방법'을 뜻하기도 한다.

'죽음의 문턱에서'란 뜻의 관용어 'at death's door'나 '비밀 리에'란 뜻의 'behind closed door'는 그런 문의 특성과 관련되어 생긴 말이다. 이승의 길 끝에는 저승으로 들어가는 죽음의 문death's door이 있고, 잠긴 문closed door 뒤에서behind 남몰래 뭔 가 꾸미는 행위를 묘사한 말인 것이다.

EGO 에고

인식과 행위의 주체로서 자신을 뜻하는 말로, '나'를 뜻하는 라틴어 '에고ego'가 어원이다. 여기서 에고이스트egoist(이기 주의자)와 에고티스트egotist(자만심이 강한 사람)도 나왔다.

ego는 심리학자 프로이트에 의해 심리학 용어로 널리 쓰이게 됐는데, 프로이트는 인간의 정신이 세 가지로 구성되어 있다고 주장했다. 이드id와 자아ego, 초자아superego이다. 이드는 인간이 본능적으로 지닌 욕망을 의미하고, 초자아는 높은 이상을 추구하는 도덕 및 절제를 뜻하며, 자아는 이드와 초자아 사이에서 균형 잡는 역할을 한다.

053

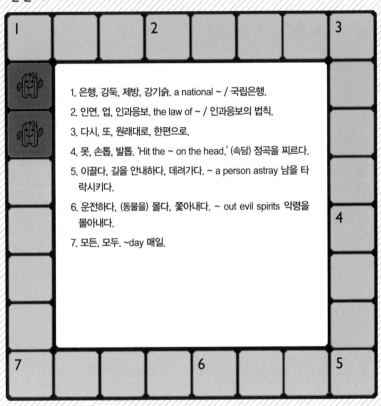

출발 ➡

```
| 1 |   |   | 2 |   |   |   | 3 |
```

1. 은행, 강둑, 제방, 강기슭. a national ~ / 국립은행.

2. 인연, 업, 인과응보. the law of ~ / 인과응보의 법칙.

3. 다시, 또, 원래대로, 한편으로.

4. 못, 손톱, 발톱. 'Hit the ~ on the head.' (속담) 정곡을 찌르다.

5. 이끌다, 길을 안내하다, 데려가다. ~ a person astray 남을 타락시키다.

6. 운전하다, (동물을) 몰다, 쫓아내다. ~ out evil spirits 악령을 몰아내다.

7. 모든, 모두. ~day 매일.

첫 글자 힌트 1. B 3. A 5. L

231

053 정답

출발 ⇒

1. bank [bæŋk] [명] 은행, 강둑, 제방, 강기슭.

2. karma [kάːrmə] [명] 인연, 업, 인과응보.

3. again [əgéin] [부] 다시, 또, 원래대로, 응해, 다른 한편으로.
Never give up and try again.
결코 포기하지 말고 다시 도전하라.

4. nail [neil] [명] 못, 손톱, 발톱.
Hit the nail on the head.
정곡을 찌르다.

5. lead [liːd] [동] 인도하다, 이끌다, 길을 안내하다, 데려가다.
You can lead a horse to water, but you can't make him drink.
말을 물가로 끌고 갈 수는 있어도 억지로 물을 먹일 수는 없다.

6. drive [draiv] [동] 운전하다, (동물을) 몰다, 몰아내다, 쫓아내다.
Darkness cannot drive out darkness.
어둠으로 어둠을 몰아낼 수 없다.

7. every [évriː] [형] 모든, 모두, 가능한 모든, 충분한, ~마다, 온갖.
Every man cannot be a hero.
누구나 영웅이 될 수는 없다.

BANK 뱅크

'뱅크bank'에는 '은행'과 '강둑', 두 가지 뜻이 있다. 어째서 전혀 어울리지 않는 의미를 동시에 가질까? 그 이유는 유래를 살펴보면 자연스레 풀린다.

은행을 뜻하는 bank의 어원은 고대 로마로 거슬러 올라간다. 로마인은 영어 '벤치bench'의 어원이 된 좁고 긴 의자에 앉아 일을 보았는데, 그 의자 이름은 '방카banca' 혹은 '방코banco' 였다. 로마인은 banca를 금융 업무용 탁자로도 사용했다.

그로부터 많은 세월이 흘러 십자군전쟁이 끝난 후 이탈리아의 베네치아, 피렌체, 제노바 등은 상업 도시로 상당한 부를 축적했다. 전쟁터로 가는 길목에 있던 도시들이 군대 이동에 따른 군수물자 조달로 큰 경제적 이득을 얻은 덕분이었다. 이때부터 은행업이 본격적으로 생기기 시작했다.

특히 피렌체의 메디치Medici 가문은 메디치은행을 통해 막대한 자본을 모았으며, 그 자본을 바탕으로 원거리 무역을 해서 더 많은 돈을 벌었다. 영국 국왕과 로마 교황에게까지 신용 대출을 해줄 정도였다. 상황이 이러하자 다른 은행들도 여럿 생겨 경쟁을 벌였다. 대부업자들은 모두 banca 혹은 banco 라 불리는 탁자에서 돈을 거래했다.

한편 '강둑'이나 '제방'을 뜻하는 영어 bank는 '둑', '높은 곳'을 의미하는 고대 덴마크어 '방케banke'에서 유래되었다. banke는 고대 영어 'benc'를 거쳐 '벤치bench'와 bank의 어원이 되었다. '은행'을 뜻하는 bank와는 어원이 다른 것이다.

둑은 당시 사람들에게 매우 중요한 것이었다. 강물의 높이를 잘못 예측했다가는 강수량이 늘어날 경우 강둑이 아무 소용도 없었기 때문이다. 그래서 강물의 수심을 측정하려고 어딘가에 표시를 했다. 이에 연유해 훗날 토목건축 분야에서 고도나 거리를 측정하기 위해 기준점에 설치한 표식을 '벤치마크benchmark'라 하게 되었다. 이때의 bench는 긴 의자인 '벤치'가 아니라 '강둑'을 의미하고, mark는 '표시'나 '기록'을 뜻한다.

벤치마크는 1980년대 들어 '벤치마킹benchmarking'이란 마케팅 용어를 낳았다. 복사기 시장을 독점하던 미국의 제록스는 1970년대에 이르러 일본의 캐논에 시장을 크게 빼앗기자, 직접 일본으로 가 시장조사를 한 결과를 반영해 다시 경쟁력을 회복했다. 이때부터 벤치마킹은 다른 기업의 경영 방식을 배워 자사의 경영과 생산에 응용하는 것을 뜻하는 말로 쓰이고 있다.

054

출발 ➡

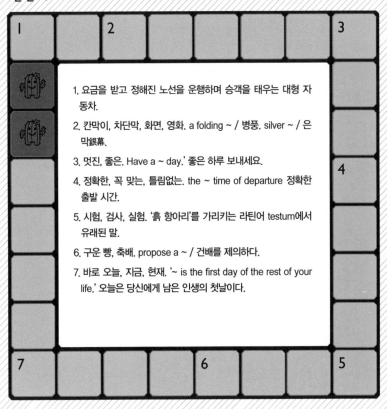

1		2				3

1. 요금을 받고 정해진 노선을 운행하며 승객을 태우는 대형 자동차.

2. 칸막이, 차단막, 화면, 영화. a folding ~ / 병풍. silver ~ / 은막銀幕.

3. 멋진, 좋은. Have a ~ day.' 좋은 하루 보내세요.

4. 정확한, 꼭 맞는, 틀림없는. the ~ time of departure 정확한 출발 시간.

5. 시험, 검사, 실험. '흙 항아리'를 가리키는 라틴어 testum에서 유래된 말.

6. 구운 빵, 축배. propose a ~ / 건배를 제의하다.

7. 바로 오늘, 지금, 현재. '~ is the first day of the rest of your life.' 오늘은 당신에게 남은 인생의 첫날이다.

7				6		5

첫 글자 힌트 1. B 3. N 5. T

054 정답

출발 ➡

1. bus [bʌs] [명] 버스.
Before God and the bus driver we are all equal.
하느님과 버스 기사 앞에서 우리 모두는 평등하다.

2. screen [skriːn] [명] 칸막이, 차단막, 화면, 영화.
A wide screen just makes a bad film twice as bad.
와이드 스크린은 형편없는 영화를 두 배 더 형편없게 만들 뿐이다.

3. nice [nais] [형] 멋진, 좋은, 반가운.

4. exact [igzǽkt] [형] 정확한, 틀림없는, 꼭 맞는, 엄밀한.
Love is not an exact science.
사랑은 정밀한 과학이 아니다.

5. test [test] [명] 시험, 실험, 검사.

6. toast [toust] [명] 토스트, 축배, 평판이 자자한 사람.
I'd like to propose a toast to our dedicated you.
헌신적인 당신에게 건배를 제의합니다.

7. today [tədéi] [명] 오늘, 지금, 현재.
Today is the first day of the rest of your life.
오늘은 당신에게 남은 인생의 첫날이다.

BUS 버스

'모든 사람의 마차'를 뜻하는 라틴어 '옴니부스omnibus'에서 유래된 말이다.

1828년 프랑스 낭트 교외에서 온천 업자 보들레이가 시내와 온천 사이에 승합마차를 운행하기 시작했다. 시내의 정류장은 '옴누'라는 사람의 가게 앞이었는데, 옴누는 자신의 가게에 '만인을 위한'이란 뜻의 'omnibus'란 간판을 내걸었다. 그것을 본 보들레이도 재빨리 승합마차에 같은 이름을 붙였다. 옴니부스 승합마차는 화제를 낳으면서 인기를 끌었다.

영국인 실리비어는 1830년 새로운 동력 수단(증기력을 이용한 버스)을 선보이면서 프랑스에서 본 omnibus란 이름을 붙였다. 이때 발음은 '옴니버스'였다. 옴니버스는 대중교통으로서도 눈길을 끌었지만, 곳곳의 정류소를 한 바퀴 돈다는 점에서 더 큰 화제를 낳았다. 옴니버스는 얼마 지나지 않아 '버스bus'로 간략해졌으며 대형 승합자동차를 이르는 말로 쓰였다.

한편 omnibus라는 말은 영화 용어로도 쓰이는데, 이때는 내용이 다른 여러 가지 이야기가 한 편에 들어 있음을 의미한다. 즉 '옴니버스 무비omnibus movie'는 몇 개의 독립된 짧은 이야기를 모아 하나의 작품으로 만든 영화 형식을 뜻한다. 초창기 대중교통 수단 옴니버스처럼 여러 가지를 차례로 보여준다는 의미이다. 연극이나 텔레비전 드라마에서도 이따금 옴니버스 형식을 사용한다.

SCREEN 스크린

'미키 마우스가 스크린에 데뷔한 것은 1928년 11월이었다.'

위 문장의 '스크린screen'은 '영화 화면'을 의미한다. screen 은 본래 '칸막이'를 뜻하는 말인데, 초창기 영화 시대에 칸막이 천에 화면을 내보낸 데서 유래되었다. 얼마 지나지 않아 더 선명한 화질을 위한 영사막이 발명됐으며, 영어 명칭은 '실버스크린silver screen'이었다. 실버스크린은 천에 금속분을 칠한 것으로, 색의 재현과 반사율이 우수해서 오랫동안 널리 이용되었다.

우리나라에서는 실버스크린을 '은막銀幕'이라고 표현했다. 활동이 활발하고 대중적으로 인기 많은 '여성 영화배우'를 가리킬 때는 '은막의 스타'라고 말했다. 대중이 여성 배우에게 더 관심을 갖는 데다 스크린을 통해 관객을 사로잡는 영화배우가 대부분 여성이었던 데서 비롯된 말이다.

055

출발 ➡

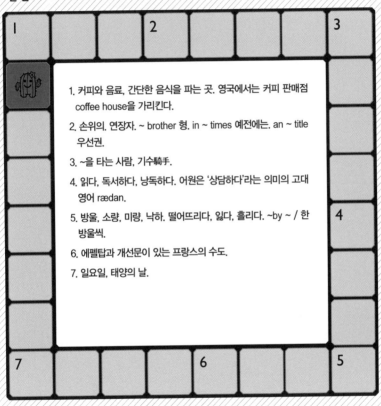

1. 커피와 음료, 간단한 음식을 파는 곳. 영국에서는 커피 판매점 coffee house를 가리킨다.

2. 손위의. 연장자. ~ brother 형. in ~ times 예전에는. an ~ title 우선권.

3. ~을 타는 사람, 기수騎手.

4. 읽다, 독서하다, 낭독하다. 어원은 '상담하다'라는 의미의 고대 영어 rædan.

5. 방울, 소량, 미량, 낙하. 떨어뜨리다, 잃다, 흘리다. ~by ~ / 한 방울씩.

6. 에펠탑과 개선문이 있는 프랑스의 수도.

7. 일요일, 태양의 날.

첫 글자 힌트 1. C 3. R 5. D

239

055 정답

출발 ⇒

```
C A F E L D E R
Y ▢ ▢ ▢ ▢ ▢ ▢ I
A ▢ ▢ ▢ ▢ ▢ ▢ D
D ▢ ▢ ▢ ▢ ▢ ▢ E
N ▢ ▢ ▢ ▢ ▢ ▢ R
U ▢ ▢ ▢ ▢ ▢ ▢ E
S I R A P O R D
```

1. cafe [kæfe] [명] 커피점.

2. elder [éldər] [형] 손위의, 예전의, 우선하는. | [명] 연장자.
Young men have a passion for regarding their elders as senile.
젊은이들은 자신보다 연상이면 늙은이로 보는 경향이 있다.

3. rider [ráidər] [명] 기수騎手, ~을 타는 사람, 첨부 자료.
Time is the rider that breaks youth.
세월은 젊음을 망가뜨리는 기수이다.

4. read [riːd] [동] 읽다, 독서하다, 낭독하다.
Read not for others but for yourself.
남을 위해서가 아니라 자신을 위해 책을 읽어라.

5. drop [draːp] [명] 방울, 소량, 낙하. | [동] 떨어뜨리다, 잃다, 낳다.
A bottle fills drop by drop.
물병은 한 방울씩 채워진다(천 리 길도 한 걸음부터).

6. Paris [pǽris] [명] 파리.

7. Sunday [sʌndei] [명] 일요일, 태양의 날.
Every day is not Sunday.
모든 날이 일요일은 아니다.

CAFE 카페

'커피coffee'를 프랑스어로 '카페cafe'라 하는데, 이 말은 '커피'라는 뜻의 터키어 '카흐베kahve'에서 유래했다. 즉 초기의 카페는 '커피(만) 파는 집'을 뜻했다.

세계 최초의 카페는 1554년 콘스탄티노플(지금의 이스탄불)에서 '차이하나'라는 간판을 달고 문을 열었으며, 이 아이디어는 17세기경 유럽으로 흘러 들어가 시민들에게 가장 사랑받는 모임 장소이자 데이트 장소로 선보이게 되었다.

17세기 중반 이후 200년 동안 런던과 파리를 중심으로 번성한 유럽의 유명한 카페들은 새로운 소식과 정치적 견해 등을 나눌 수 있는 장소였으며, 카페 주인들은 경쟁적으로 휘그당과 토리당에서 발행하는 신문들을 마련해놓았다. 따라서 당시 카페는 정치·사회·문학의 중심지였을 뿐만 아니라 상인들의 집합지이기도 했다.

카페는 미국으로 건너가서는 '카페테리아cafeteria'로 변했다. 서부 개척 시대에 스페인계 미국인이 커피 파는 가게(커피cafe+가게teria)를 연 것이 시초이며, 시간이 흐르면서 셀프서

비스self service 방식 식당으로 발전했다. 대학이나 기업의 구내 식당은 대부분 이용자가 셀프서비스로 음식을 사 먹는 까닭에 영어로 cafeteria라고 표기한다.

SUNDAY 선데이

문자 그대로 '해의 날'이란 뜻이다. 고대 영어로는 '선난대 그sunnandæg'이고, '태양의 날'이란 뜻의 라틴어 '솔리스 디에 스Solis dies'의 번역어이다. 태양신을 숭배해 태양에게 바친 날이 곧 Sunday인 것이다.

기독교 문화권에서는 일요일을 주일主日, 즉 '주님의 날the Lord's day'이라고 한다. 십자가에 못 박혀 처형당한 예수님이 안식일이 지난 첫날에 부활하자, 이후 제자들이 그날을 기념해 지키게 된 데서 유래된 말이다. 그래서 기독교 문화권의 태양력에서는 일요일을 일주일의 맨 앞에 두어 첫날로서의 주일을 기리고 있다.

태양신 신앙에서든 주일 신앙에서든 간에 서양인들은 전통적으로 일요일을 매우 좋게 생각했다. '당신이 일요일에 태어났다면 행운아다'란 뜻의 속담 'If you are born on a Sunday you are a lucky person'과 '모든 날이 일요일은 아니다'란 뜻의 속담 'Every day is not Sunday'가 그런 흔적을 보여주고 있다.

056

출발 ➡

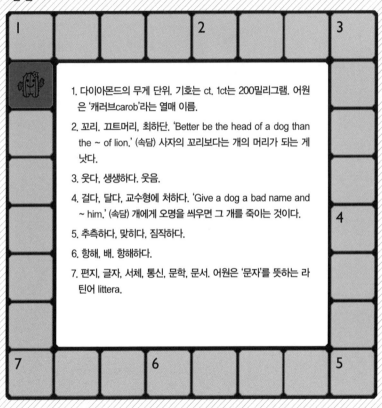

I				2			3

1. 다이아몬드의 무게 단위. 기호는 ct. 1ct는 200밀리그램. 어원은 '캐러브carob'라는 열매 이름.

2. 꼬리. 끄트머리, 최하단. 'Better be the head of a dog than the ~ of lion.' (속담) 사자의 꼬리보다는 개의 머리가 되는 게 낫다.

3. 웃다, 생생하다. 웃음.

4. 걸다, 달다, 교수형에 처하다. 'Give a dog a bad name and ~ him.' (속담) 개에게 오명을 씌우면 그 개를 죽이는 것이다.

5. 추측하다, 맞히다, 짐작하다.

6. 항해, 배. 항해하다.

7. 편지, 글자, 서체, 통신, 문학, 문서. 어원은 '문자'를 뜻하는 라틴어 littera.

7			6				5

첫 글자 힌트 1. C 3. L 5. G

243

056 정답

출발 ➡

C	A	R	A	T	A	I	L
R							A
E							U
T							G
T							H
E							A
L	I	A	S	S	E	U	G

1. carat [kǽrət] [명] 캐럿(다이아몬드의 무게 단위).
1 carat is exactly 200mg.
1캐럿은 정확히 200밀리그램이다.

2. tail [teil] [명] (동물의) 꼬리, 끄트머리, 최하단.
Better be the head of a dog than the tail of a lion.
사자의 꼬리보다는 개의 머리가 되는 게 낫다.

3. laugh [læf] [동] 웃다, 흥겨워하다, 생생하다. | [명] 웃음.
Always laugh when you can.
웃을 수 있을 때 웃어라.

4. hang [hæŋ] [동] 걸다, 달다, 교수형에 처하다.

5. guess [ges] [동] 추측하다, 맞히다, 짐작하다.
Don't try to guess.
(섣부르게 함부로) 짐작하지 말라.

6. sail [seil] [명] 돛, 항해, 배. | [동] 항해하다, 당당히 나아가다.
Every ship is a romantic object, except that we sail in.
항해하는 우리 배를 제외한 모든 배는 낭만적으로 보인다.

7. letter [létər] [명] 편지, 글자, 문학.

244

CARAT 캐럿

보석의 무게 단위로 쓰이는 '캐럿carat'은 지중해 연안 캐러브carob라는 나무의 열매에서 비롯된 말이다. 캐러브는 저울이 없던 시절 보석의 무게를 재는 데 사용됐다. 열매 낱개의 무게가 비교적 정확하게 0.2그램이었기 때문이다. 더구나 다이아몬드는 탄소 덩어리라서 보석치고는 매우 가벼운 편인데, 그 무게를 재기에 캐러브의 열매가 더없이 적당했다.

LETTER 레터

'문자'를 뜻하는 라틴어 '리테라littera'에서 비롯된 말이다. 누군가에게 보내기 위해 문자로 쓴 '편지'도 letter라고 하며, '문학'을 뜻하는 단어 '리터러처literature'도 여기에서 나왔다. 즉 '글자'에 '편지'와 '문학'이라는 의미까지 더해진 것이다.

편지와 관련된 유명한 말로는 '러브 레터love letter'와 '디어 존 레터Dear John letter'가 있다.

love letter는 쉽게 짐작할 수 있듯 '사랑의 마음을 글로 적은 편지'다. 러브 레터의 내용은 다양하지만, 사랑하는 남녀

사이에 주고받는 애정의 편지라는 점은 공통적이다. 그래서 '연애편지'라고도 말한다.

이에 비해 Dear John letter는 조금 안타까운 사연을 지닌 말이다. 제2차 세계대전이 벌어졌을 때 미국 군인들은 유럽과 아시아의 전쟁터에서 목숨을 걸고 싸웠고, 미국 본토에 남아 있던 군인의 아내나 여자 친구는 '마이 달링My Darling'이나 '허니Honey' 또는 '디어Dear'로 시작되는 편지를 써서 사랑하는 남자를 격려했다. Dear는 '친애하는', '소중한', '사랑스러운'이란 뜻이고, darling은 'dear(사랑스러운)+ling(사람)'의 합침 줄임말로 '가장 사랑스러운 사람'이란 뜻이다. 군인들은 가끔씩 배달되는 위문편지를 보며 큰 위로를 받았다.

그런데 전쟁이 길어지면서 떨어져 지내는 시간이 계속되자, 여자들의 마음이 서서히 달라졌다. 여자들 역시 외로워서 기다리기 힘들었기 때문이다. 이때 헤어지기로 결심한 여자들은 결별의 내용을 담은 편지를 보내 이별을 통보했다.

이때 편지는 대부분 Dear John으로 시작했다. 당시 미군 병사들 이름에 John이 많았던 까닭이다. 여기에서 Dear John letter라는 말이 생겼고 '절교 편지', '이별 통보 편지'라는 뜻으로 쓰이고 있다.

057

출발 ➡

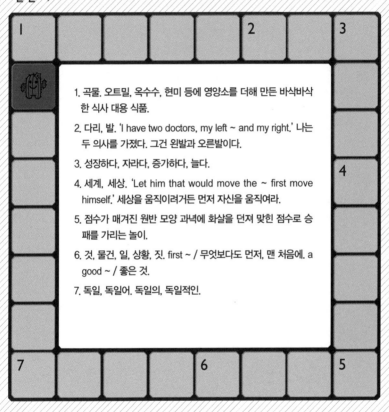

| I | | | | 2 | | 3 |

1. 곡물. 오트밀, 옥수수, 현미 등에 영양소를 더해 만든 바삭바삭한 식사 대용 식품.

2. 다리, 발. 'I have two doctors, my left ~ and my right.' 나는 두 의사를 가졌다. 그건 왼발과 오른발이다.

3. 성장하다, 자라다, 증가하다, 늘다.

4. 세계, 세상. 'Let him that would move the ~ first move himself.' 세상을 움직이려거든 먼저 자신을 움직여라.

5. 점수가 매겨진 원반 모양 과녁에 화살을 던져 맞힌 점수로 승패를 가리는 놀이.

6. 것, 물건, 일, 상황, 짓. first ~ / 무엇보다도 먼저, 맨 처음에. a good ~ / 좋은 것.

7. 독일, 독일어. 독일의, 독일적인.

| 7 | | | | 6 | | 5 |

첫 글자 힌트 1. C 3. G 5. D

247

057 정답

출발 ⇒

1. cereal [síəriəl] [명] 곡물, 시리얼.

2. leg [leg] [명] 다리, 발.
I have two doctors, my left leg and my right.
나는 두 의사를 가졌다. 그건 왼발과 오른발이다.

3. grow [grou] [동] 성장하다, 일어나다, 증가하다, ~이 되다, 키우다.
Your ability will grow to match your dreams.
능력은 너의 꿈에 맞춰 성장한다.

4. world [wəːrld] [명] 세계, 세상, 분야, 우주.
Let him that would move the world first move himself.
세상을 움직이려거든 먼저 자신을 움직여라.

5. dart [dɑːrt] [명] 던지는 창, 다트놀이. | [동] 던지다.

6. thing [θiŋ] [명] 것, 물건, 일, 상황, 짓.
A little knowledge is a dangerous thing.
어설픈 앎이 위험한 것이다(선무당이 사람 잡는다).

7. German [dʒə́ːrmən] [형] 독일의, 독일적인. | [명] 독일, 독일어, 독일인.

CEREAL 시리얼

'시리얼cereal'은 여러 가지 곡물로 과자처럼 만든 식품을 일컫는다. 일반적으로 아침에 간편식으로 우유와 함께 먹는다. 어원은 '케레스와 관련된'이란 뜻의 라틴어 '케레알리스cerealis'이다. cerealis는 로마신화에 나오는 풍작의 여신 케레스Ceres(영어 발음은 세레스)에서 나온 말이다.

케레스는 농업의 여신으로 곡물과 수확을 관장했기에, 고대 로마인들은 신전을 만들어 섬겼다. 특히 가뭄이 들었을 때는 더욱 정성을 들여 비를 내려달라고 기원했다. 케레스가 농사에 필요한 비도 담당했기 때문이다.

요즘 많이 먹는 시리얼의 원조는 미국의 켈로그Kellogg이다. 여기에는 사연이 있다. 윌 켈로그는 의사인 형 존 켈로그가 운영하는 배틀크리크 요양원에서 일했는데, 환자들을 위해 형과 함께 소화가 잘되는 음식을 만드는 실험에 몰두했다. 그리고 밀가루와 옥수숫가루를 섞어 반죽하다가 현재와 같은 모습의 시리얼을 개발했다. 바삭바삭하고 감칠맛 나는 곡물 플레이크cereal flake는 요양원 환자들에게 인기를 끌었고, 곧 아침 식사로 자리 잡았다. 곡물 플레이크는 주요 원료가 옥수수corn였기에 콘플레이크cornflakes라고도 불렸다.

우유에 말아 먹는 콘플레이크라는 새로운 음식을 맛본 환자들은 요양원에서 퇴원한 뒤에도 시리얼을 보내달라고 요청했다. 이런 수요를 바탕으로 윌 켈로그는 형을 설득해 1906년 켈로그토스티드콘플레이크 회사를 설립했다. 대대적인 광고와 곡물 가공식품의 품질 향상을 통해 회사는 날로 번창했으며, 1922년 현재 이름인 '켈로그'로 상호를 바꾸었다.

WORLD 월드

영어 '월드world'의 어원은 뭔가 거창할 것 같지만 의외의 단어인 고대 영어 '웨롤드werold'이다. '사람'을 뜻하는 접두사 'wer-'에 '나이'를 뜻하는 'old'를 합친 말로, 본래 의미는 '사람의 일생'이다.

한시적 시간 개념인 '인생'이 곧 세계이고 세상이라는 것인데, 따지고 보면 자연 수명을 다한 사람은 한평생 별의별 일을 다 겪기 마련이다. 하지만 world는 공간적으로 그 뜻이 변용되어 '사람들이 어울려 사는 세상', '지리적으로 전체를 포괄한 세계'를 의미하고 있다. world는 '특정한 시대나 지역의 세계'를 뜻하기도 한다.

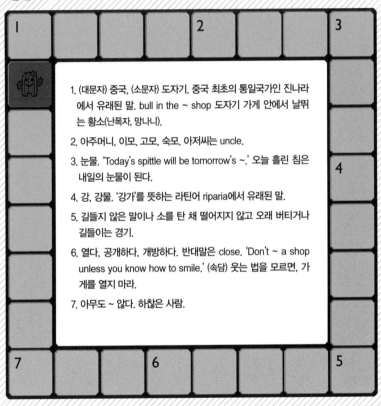

058

출발 ➡

|| 1 | | | | 2 | | | 3 ||

1. (대문자) 중국, (소문자) 도자기. 중국 최초의 통일국가인 진나라에서 유래된 말. bull in the ~ shop 도자기 가게 안에서 날뛰는 황소(난폭자, 망나니).

2. 아주머니, 이모, 고모, 숙모. 아저씨는 uncle.

3. 눈물. 'Today's spittle will be tomorrow's ~.' 오늘 흘린 침은 내일의 눈물이 된다.

4. 강, 강물. '강가'를 뜻하는 라틴어 riparia에서 유래된 말.

5. 길들지 않은 말이나 소를 탄 채 떨어지지 않고 오래 버티거나 길들이는 경기.

6. 열다, 공개하다, 개방하다. 반대말은 close. 'Don't ~ a shop unless you know how to smile.' (속담) 웃는 법을 모르면, 가게를 열지 마라.

7. 아무도 ~ 않다. 하찮은 사람.

|| 7 | | | 6 | | | 5 ||

첫 글자 힌트 1. C 3. T 5. R

251

058 정답

출발 ➡

1. china [tʃáinə] [명] (대문자) 중국, (소문자) 도자기.
bull in the china shop
도자기 가게 안에서 날뛰는 황소(난폭자, 망나니).

2. aunt [ænt] [명] 아주머니, 이모, 고모, 숙모.

3. tear [tiə:r] [명] 눈물, 비애.
Today's spittle will be tomorrow's tear.
오늘 흘린 침은 내일의 눈물이 된다.

4. river [rívə:r] [명] 강, 강물.
Big fish are caught in a big river.
큰 물고기는 큰 강에서 잡힌다.

5. rodeo [róudiòu] [명] 소를 모으기. 길들지 않은 말이나 소를 탄 채 오래 버티거나 길들이는 경기.

6. open [óupən] [형] 열린, 광활한. | [명] 공터, 개로開路. | [동] 열다, 시작하다.
Don't open a shop unless you know how to smile.
웃는 법을 모르면 가게를 열지 마라.

7. nobody [nóubàdi] [전치] 아무도 ~ 않다. | [명] 하찮은 사람, 없는 사람.
Everybody's business is nobody's business.
모두의 일은 누구의 일도 아니다(공동 책임은 무책임이다).

CHINA 차이나

중국은 단일민족이 세운 나라가 아니다. 본래는 여러 민족이 제각기 흩어져 나라를 세우고 살았는데, 기원전 3세기경 진秦나라가 주변 나라를 모두 정복해 비로소 최초의 통일국가로 역사에 기록됐다.

세력이 거대해지자 진나라는 이웃 나라는 물론 멀리까지 존재감을 과시했다. 이때 진나라는 외국에 '진Chin' 또는 '지나China'라고 알려졌다. 오늘날 중국을 가리키는 '차이나China'는 바로 여기에서 비롯된 이름이다.

한편 중국은 세계에서 가장 먼저 자기(흙을 구워 만든 그릇)를 생산한 나라이며, 그 시작은 기원전 1500년경으로 거슬러 올라간다. 청동기를 본떠 흙으로 모양을 만든 다음 불에 구워 그릇을 만들었다.

한나라 때인 기원전 1세기경 유약을 입혀 그릇을 더 단단하게 만드는 기술도 선보였으며, 장시성江西省 동북부의 징더전景德鎭은 중국 최대의 도자기 산지로 이름을 떨쳤다. 13세기에는 자기에 갖가지 꽃을 그려 넣은 화려한 채화 자기를 개발했으며, 명나라와 청나라 때에는 중동과 유럽으로 수출해서 많은 돈을 벌어들였다.

이로써 소문자로 쓴 '차이나china'는 영어로 '도자기'를 뜻하는 말로 쓰이게 됐다.

RIVER 리버

'강물'을 뜻하는 영어 단어 '리버river'의 어원은 '강가'를 뜻하는 라틴어 '리파리아riparia'이다. 인류가 큰 강가에 터전을 잡은 정서를 보여주는 말이며, 이후 '강가'가 아닌 '강' 자체를 가리키는 말로 쓰였다.

대부분의 문화권에서 강물river은 힘과 풍요의 상징으로 여겨진다. 거세게 흘러가는 물줄기가 강한 힘을 느끼게 해주고, 사람들이 마시는 식수와 농사에 필요한 물을 제공해주는 까닭이다.

출발 ➡

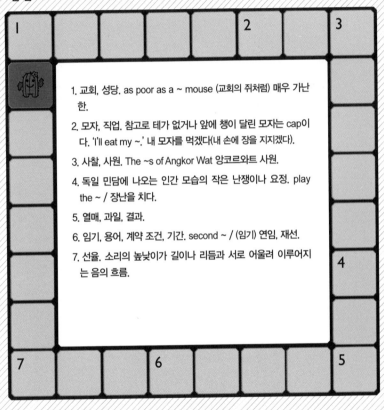

1. 교회, 성당. as poor as a ~ mouse (교회의 쥐처럼) 매우 가난한.

2. 모자, 직업. 참고로 테가 없거나 앞에 챙이 달린 모자는 cap이다. 'I'll eat my ~.' 내 모자를 먹겠다(내 손에 장을 지지겠다).

3. 사찰, 사원. The ~s of Angkor Wat 앙코르와트 사원.

4. 독일 민담에 나오는 인간 모습의 작은 난쟁이나 요정. play the ~ / 장난을 치다.

5. 열매, 과일, 결과.

6. 임기, 용어, 계약 조건, 기간. second ~ / (임기) 연임, 재선.

7. 선율. 소리의 높낮이가 길이나 리듬과 서로 어울려 이루어지는 음의 흐름.

첫 글자 힌트 1. C 3. T 5. F

255

059 정답

출발 ⇒

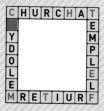

1. church [tʃə:rtʃ] [명] 교회, 성당.

2. hat [hæt] [명] 모자, 직업.
I'll eat my hat.
내 모자를 먹겠다(내 손에 장을 지지겠다).

3. temple [témpl] [명] 사찰, 절, 사원.
Every man is the builder of a temple, called his body.
모든 사람은 자신이라는 사원의 건설자이다.

4. elf [elf] [명] 엘프(작은 요정).

5. fruit [fru:t] [명] 열매, 성과, 생산물.
Flowers are the pledge of fruit.
꽃을 보고 열매를 판단한다(사람 행동을 보면 그 결과가 짐작된다).

6. term [tə:rm] [명] 임기, 용어, 계약 조건, 기간.
Long-range goals keep you from being frustrated by short-term failures.
장기 목표는 단기 실패에 따른 좌절로부터 당신을 지켜낸다.

7. melody [mélədi] [명] 곡조, 선율, 가락.

CHURCH 처치

'교회敎會'란 크리스트교를 믿는 사람들의 조직체 또는 그 집회소를 가리키는 말이다. 영어 '처치church'는 '집'을 뜻하는 그리스어 '키리아콘kyriakon'에 어원을 두고 있다. 초기 크리스트교가 집에서 비밀리에 집회를 가졌던 데서 비롯된 말이다.

세계 최초의 교회가 어디인지에 대해서는 의견이 분분하다. 터키 안타키아에 있는 성 베드로 동굴 교회를 세계 최초로 보는 학자도 있고, 요르단 리하브의 성 고저스 동굴 교회라고 주장하는 학자도 있다. 어느 설이 옳든 간에 초기 교회는 대부분 동굴 교회였음이 분명하다. 로마제국의 종교 탄압을 피해 은밀하게 동굴에 모여서 예배를 했기 때문이다.

교회는 로마제국에서 공인받은 후 대형 건물로 세워졌고, 신성한 분위기를 자아냈다. 유럽의 유서 깊은 교회들은 성스러운 분위기에 역점을 둔 데 비해 오늘날 우리나라 교회들은 큰 규모를 과시하는 경향이 있다.

HAT 해트

고대 문명사회에서 모자는 권위를 상징했기에 통치자나 고위 관리들이 썼다. 이집트의 파라오는 높이 솟은 모양의 모자로 권위를 한껏 강조했고, 대부분 문화권의 국왕들은 화려한 왕관으로 멋까지 부렸다.

영어 단어 '해트hat'는 '(테가 있는) 모자'를 뜻하는 말이다. 어원은 '두건'을 뜻하는 고대 영어 '해트hætt'이다. hat는 '직업을 가진 사람'이란 뜻도 있다. 군인, 경찰, 요리사 등 제복 입은 사람들이 모자를 쓰고 다녔기 때문이다.

모자와 관련된 유명한 말로는 '해트트릭hat trick'이 있다. 축구 등의 경기에서 한 선수가 세 골을 넣었을 때 쓰는 말인데, 영국의 크리켓에서 연속으로 세 타자를 삼진으로 아웃시킨 투수에게 그 명예를 기리고자 모자를 바꿔준 데서 비롯되었다. 여기서의 trick은 '재주', '방식', '요령'을 뜻한다. 해트트릭은 쉬운 일이 아니었기에, 이후 축구나 하키처럼 한 선수가 다량 득점을 하기 어려운 경기에서 3점을 올렸을 때도 쓰게 되었다.

060

출발 ➡

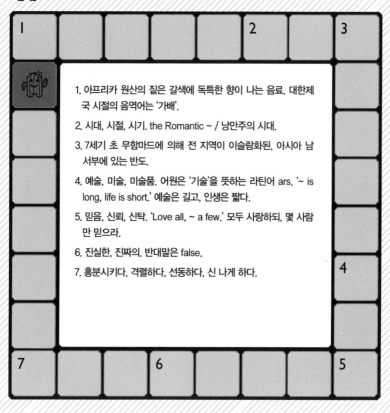

1					2		3

1. 아프리카 원산의 짙은 갈색에 독특한 향이 나는 음료. 대한제국 시절의 음역어는 '가배'.

2. 시대, 시절, 시기. the Romantic ~ / 낭만주의 시대.

3. 7세기 초 무함마드에 의해 전 지역이 이슬람화된, 아시아 남서부에 있는 반도.

4. 예술, 미술, 미술품. 어원은 '기술'을 뜻하는 라틴어 ars. '~ is long, life is short.' 예술은 길고, 인생은 짧다.

5. 믿음, 신뢰, 신탁. 'Love all, ~ a few.' 모두 사랑하되, 몇 사람만 믿으라.

6. 진실한, 진짜의. 반대말은 false.

7. 흥분시키다, 격렬하다, 선동하다, 신 나게 하다.

7			6			5

첫 글자 힌트 1. C 3. A 5. T

259

060 정답

출발 ➡

1. coffee [kɔ́:fi] [명] 커피.
The instinct of the coffee is temptation.
커피의 본능은 유혹이다.

2. era [íərə] [명] 기원, 시대, 시절, 시기.

3. Arabia [əréibiə] [명] 아라비아 반도.

4. art [ɑ:rt] [명] 예술, 기예, 솜씨, 미술품.
Art is long, life is short.
예술은 길고, 인생은 짧다.

5. trust [trʌst] [명] 믿음, 신뢰, 신탁.
Love all, trust a few.
모두 사랑하되, 몇 사람만 믿으라.

6. true [tru:] [형] 진실한, 진짜의, 성실한.
Many a true word is spoken in jest.
농담 속에 진담이 많다(언중유골言中有骨).

7. excite [iksáit] [동] 흥분시키다, 격려하다, 선동하다.
A man excite the world, but a woman excite the man.
남자는 세상을 움직이고, 여자는 그 남자를 움직인다.

COFFEE 커피

커피나무 열매의 씨를 볶은 뒤에 갈아서 만든 가루 또는 그 가루로 만든 음료를 일컫는 말이다. 커피나무 원산지는 에티오피아와 모잠비크로 알려져 있다. coffee는 여러 언어를 거쳐 영어에 들어온 말이다. 에티오피아의 '카파kaffa'가 아라비아의 '카와qahwa'와 터키어 '카흐베kahve'를 거쳐 유럽에서 '카페cafe'가 되었다.

"커피coffee!" 하고 주문하면 어느 나라에서나 똑같은 커피를 마실 수 있다고 생각하기 쉽지만 그것은 오해다. '커피'가 아닌 '카페cafe'로 불리는 곳이 의외로 많을 뿐만 아니라 나라마다 즐기는 커피 종류가 다르기 때문이다.

프랑스인들은 커피와 우유를 섞은 '카페오레Caffe au lait'를 즐겨 마신다. 카페오레는 '우유를 탄 커피'란 뜻인데, 같은 분량의 진한 커피와 우유를 따로 데운 다음 큼직한 잔에다 부어 섞어 마신다. 같은 음료를 이탈리아에서는 '카페라테Café latte'라고 말한다. '라테'는 '우유'라는 뜻의 이탈리아어다.

이탈리아에서는 "카페!"라고 주문하면 에스프레소를 주는

데, 독하고 끈적끈적한 에스프레소의 맛은 무척 강렬하다. 에스프레소는 이탈리아어로 '급행'을 뜻하는데, 주문받은 즉시 내주기 때문이다.

영국과 미국에서는 '카페'가 아닌 '커피'로 통한다. coffee라는 말은 영국인 블런트가 17세기 중엽에 처음 사용했다고 전해진다.

흔히 '아메리칸 스타일' 하면 '미국인들이 즐기는 양 많은 순한 커피'를 말하는데, 미국인뿐만 아니라 영국인도 아침이면 빵과 함께 부드러운 커피를 배불리 마신다.

한편 미국에서는 오후 4시경 노동자들이 커피 한 잔을 마시며 잠시 쉬는 짧은 휴식 시간을 '커피브레이크coffee break'라고 말한다. 여기서 break는 '휴식'을 뜻한다.

ART 아트

'기술'을 뜻하는 라틴어 '아르스ars'에서 비롯된 말이다. 눈에 보이는 대상을 기술적으로 잘 표현한 데서 미술의 개념이 탄생한 것이다. 기술에는 솜씨가 필요하기에 '아트풀artful'이란 파생어는 '기교 있는', '교묘한', '교활한'이란 뜻으로 쓰이게 됐고, 예술을 직업으로 삼은 사람을 '아티스트artist'라고 불렀다.

영단어
찾아보기

이 책의 회전퍼즐퀴즈 60개에
는 모두 436개의 영단어가 수
록되어 있습니다. 회전퍼즐을
풀면서 지나갔던 영단어를 다시
짚어보고 싶을 때 펴보세요.

각 영단어 옆에는 조그만 칸을
마련했습니다. 새로 익혔거나
이미 알고 있던 영단어를 체크
해보시면 영단어 습득 현황이
한눈에 들어올 것입니다.

264